Willensstärke

Energien freisetzen und Ziele erreichen

Reinhold Stritzelberger
Peter Gerst

Inhalt

Vorwort

Kennen Sie einen Hund, der aus gesundheitlichen Gründen darauf verzichtet, seinen Napf leer zu fressen, oder der beizeiten Knochen fürs Alter zurücklegt? Wohl kaum. Geht nicht. Kann er nicht. Der Hund hat keinen bewussten Willen. Keine Willensstärke. Das sind rein menschliche Eigenschaften. Leider verfügen die meisten Menschen über zu wenig davon. Weit über 90 % der Deutschen geben mangelnde Willensstärke als ausschlaggebend für das Scheitern ihrer Vorhaben an. Und deutlich über 90 % meinen, sie würden wesentlich mehr erreichen, sofern sie über ein größeres Durchhaltevermögen und mehr Willensstärke verfügten.

Tatsächlich entspricht dieser Wunsch nicht nur einem Gefühl. Wissenschaftliche Untersuchungen haben herausgearbeitet, dass nicht etwa Intelligenz oder Durchsetzungsvermögen über Erfolg entscheiden, sondern der Faktor Willensstärke.

Die gute Nachricht dabei: Willensstärke lässt sich üben. Es handelt sich um eine Fähigkeit, die Sie selber stärken und schärfen können. Wie, das erfahren Sie in diesem Taschen-Guide – wissenschaftlich fundiert, lebenspraktisch erprobt und flankiert mit vielen nützlichen Tipps und Checklisten. Damit es Ihnen besser geht als besagtem Hund.

Wertvolle Impulse, viel Freude und noch mehr Selbsterkenntnis beim Lesen wünschen Ihnen

Reinhold Stritzelberger und Peter Gerst

Mehr Willensstärke für ein besseres Leben

Willensstärke ist keine unabänderliche Charaktereigenschaft. Sie ist vielmehr eine kraftvolle Fähigkeit, die Sie wie einen Muskel trainieren können. Dies gelingt umso besser, je besser Sie verstehen, was Willensstärke wirklich ist und wie sie funktioniert.

In diesem Kapitel erfahren Sie u. a.,

- warum es sich lohnt, die Willenskraft zu steigern,
- weshalb wir oft nicht das tun, was langfristig das Beste für uns ist,
- warum es uns immer wieder an Willenskraft mangelt,
- wie Sie Ihre Willensstärke ausbauen können.

Warum es sich lohnt, die Willenskraft zu steigern

„Der nimmt nie ab – dem fehlt es einfach an Willensstärke!" So und ähnlich hören wir es oft im Alltag. So, als wäre Willensstärke eine Charaktereigenschaft. Dazu passt, dass man von „willensstarken Persönlichkeiten" spricht. Ganz so, als wäre Willensstärke ein Persönlichkeitsmerkmal, das einige besondere Menschen besitzen, andere aber nicht.

Viele erachten Willensstärke als moralischen Wert, als etwas erstrebenswertes Gutes. Wer sich selbst nicht genügend Willensstärke zuschreibt, macht sich deshalb häufig Vorwürfe, sieht sich als Versager. Eigentlich unfassbar! Wir machen uns doch auch keinen moralischen Vorwurf, nur weil wir nicht wissen, wie man eine Tür schreinert oder weil es uns schwerfällt, einen Salto zu schlagen. Mit der Willensstärke ist es in etwa dasselbe: Sie hat mehr mit Wissen und Fähigkeiten zu tun als mit Charakter und Moral. Genau darum gibt es dieses Buch. Hier erfahren Sie, wie Sie Ihre Willenskraft ausbauen können und zu einem willensstärkeren Menschen werden. Eben dies trainieren wir, Reinhold Stritzelberger und Peter Gerst, seit Jahren mit unseren Seminarteilnehmern. Das Fazit: Es geht – und es lohnt sich.

Ob sich ein solches Training auch für Sie lohnt, können natürlich nur Sie beantworten. Wir können Ihnen aber ein paar typische Anliegen aufzählen, in denen das Buch Sie weiterbringen kann und – nach unserer Überzeugung – auch wird:

- wenn Sie schlechte Angewohnheiten bislang nicht loswurden – und diese endlich ablegen und durch neue, bessere Gewohnheiten ersetzen wollen.

- wenn Sie immer wieder Aufgaben vor sich herschieben, sich deshalb mies fühlen – und es nun endlich schaffen wollen sie anzupacken.

- wenn alles Zeitmanagement nicht zu helfen scheint, Stress und Hektik Ihren Alltag bestimmen – und Sie wissen wollen, wie Sie zu mehr Zeit, mehr Ruhe und mehr Kraft für sich, Ihre Familie und zu einem insgesamt glücklicheren und zufriedeneren Leben finden.

- wenn Sie berufliche oder private Ziele haben, die Sie einfach nicht erreichen, weil sie Ihnen unter dem Druck des Alltags regelmäßig aus dem Blick geraten – und Sie sich nun endlich diesen wichtigen Zielen mit aller Kraft widmen wollen.

- wenn Sie Träume haben, für deren Verwirklichung Sie viel innere Stärke benötigen – und nun nach Wegen suchen, diese Stärke in sich auszubauen, um aus Ihren Träumen Realität werden zu lassen.

All das lässt sich mit einem starken Willen erreichen. Mit anderen Worten: Je stärker unser Wille, desto besser unser Leben. Verharren wir kurz bei diesem Satz, damit er wirken kann. Wir wiederholen ihn ob seiner Gewichtigkeit noch einmal:

Je stärker unser Wille, desto besser unser Leben.

Wenn das stimmt und sich der Wille tatsächlich trainieren lässt, dann haben Sie hier die Formel, wie Sie ein erfüllteres Leben führen können:

Stärkerer Wille = besseres Leben.

Kann das sein? Kann es so einfach sein? Vorweg genommen: Ja. Zuerst einmal wird sich, wenn Sie den Satz auf sich wirken lassen, bei Ihnen je nach Temperament und Typ ein leiser oder auch gewaltiger Widerspruch regen. Zumindest, wenn es Ihnen so geht wie den meisten unserer Seminarteilnehmer und Coachees. Vielleicht fragen Sie sich dann: „Sind andere Themen nicht viel wichtiger? Familie? Gesundheit? Freunde? Beruf? ..." Selbstredend sind sie wichtig. Aber: All diese Themen erfordern ein gerüttelt Maß an Willensstärke. Ohne sie lassen sich eine stabile Gesundheit, funktionierende Beziehungen und beruflicher Erfolg auf Dauer nicht erreichen.

Mehr Willensstärke – mehr Erfolg

Dass Willensstärke entscheidend sein kann für ein besseres und erfüllteres Leben, hat schon vor vielen Jahren das berühmt gewordene Marshmallow-Experiment eindrucksvoll gezeigt.

Beispiel:

 Die vierjährige Susi steht vor einer großen Herausforderung: Vor ihr liegt ein verführerisches weißes Marshmallow. Der Mann im weißen Kittel hat es vor ihr platziert. Sie darf es essen, hat er gesagt. Dann verließ er das Zimmer. Vorher hatte er ihr aber noch versprochen: „Wenn du das Marshmallow nicht isst, bis ich wiederkomme, dann bekommst du noch eins und kannst dann

> zwei Marshmallows essen!" Hmm ... ganz schön schwierig... Sie kann sich genau vorstellen, wie die weiche Süßigkeit im Mund zerschmilzt, wie herrlich sie schmeckt und wie gut sich das anfühlt... und schon greift ihre Hand danach... Aber Stopp! Wenn sie es *jetzt* nicht isst, dann bekommt sie *später* noch eines dazu ... puh ...!

Der Mann im weißen Kittel heißt Walter Mischel und arbeitete jahrzehntelang als Psychologe in den USA. Er stellte eine ganze Reihe vierjähriger Kinder vor die Marshmallow-Herausforderung. Einige hielten problemlos durch, einige aßen die Süßigkeit sofort oder nach kurzer Zeit. Wieder andere lenkten sich mit unterschiedlichem Erfolg von der süßen Verführung ab. Schauen Sie ruhig einmal auf YouTube unter „Marshmallow Experiment" nach – man lacht und gleichzeitig leidet man mit den Kindern, wie sie gegen die Versuchung kämpfen und sich in ihrem Dilemma winden. Berühmt wurde das Experiment allerdings erst durch eine spätere Entdeckung. Mischel fand heraus, dass jene Kinder, die der Versuchung am hartnäckigsten trotzten, im späteren Leben bessere Noten hatten, oft studierten, mehr Geld verdienten, schlanker waren und seltener Drogenprobleme hatten als Kinder, die der Versuchung nicht widerstanden. Mischels Schlussfolgerung: Dieselbe Willenskraft, mit denen die Vierjährigen im Experiment erfolgreich waren, bescherte ihnen auch als Erwachsene den größeren Erfolg.

Diese Schlussfolgerung bestätigte sich unter anderem in einer groß angelegten Untersuchung von 1.000 neuseeländischen Kindern, die eine Gruppe von Forschern von der Geburt bis ins Alter von 32 Jahren beobachtete und begleitete. Die Wissenschaftler maßen mit den unterschiedlichsten Methoden die Selbstdisziplin der Kinder und untersuchten, wie sich diese auf das Leben auswirkte. Das Ergebnis war eindeutig: Kinder, die sich beherrschen, verzichten und zu einem bestimmten Verhalten bewegen können, leben als Erwachsene in der Regel gesünder. Zudem entwickeln sie stabilere soziale Beziehungen als andere, sind fitter, erfolgreicher und setzen mehr Ziele um.

Willenskraft bringt also weiter – und vor allem: Sie lässt sich entwickeln! Weitere Studien und Experimente zeigten, dass die unterschiedlichen Fähigkeiten zur Selbstbeherrschung nicht einfach angeboren sind. Die zur Selbstbeherrschung nötige Willenskraft ist also optimierbar. Das ist auch gut so. Denn ohne sie ist es nahezu ausgeschlossen, einen ganz bestimmten, immer wiederkehrenden Konflikt zu meistern, den wir im nächsten Kapitel genau betrachten – das Genuss-Dilemma.

Jetzt oder später?
Das Genuss–Dilemma

Immer und immer wieder stehen wir in unserem Leben – wie beim Marshmallow-Experiment – vor der Herausforderung, nicht das zu tun, wozu uns unser erster Impuls treibt, sondern das, was uns langfristig nach vorne bringt, auch wenn es im ersten Moment anstrengender und vielleicht sogar quälend ist. Dass sich Willenseinsatz lohnt, haben viele Leistungssportler für sich verinnerlicht.

Beispiel:

„Glück ist eine Überwindungsprämie", lautet der Leitspruch des Extremsportlers Martin Heuberger, der schon dutzende Ultramarathons bewältigte, teilweise über mehr als 200 Kilometer. Was Heuberger damit meint? „Meist muss ich mich entscheiden, ob ich *jetzt* etwas Angenehmes tue, das dann aber meinen langfristigen Zielen schadet. Wenn ich mich also *jetzt* ungesund ernähre, schaffe ich vielleicht meinen nächsten Lauf nicht so gut, wie ich mir das vorstelle. Und wenn ich *jetzt* nicht trainiere, sondern faul rumliege, ebenso. Überwinde ich mich, trainiere, esse gesund und bin dann fit, durchströmt mich während meines nächsten Laufs ein unendliches Glücksgefühl. Das ist die Prämie, die ich erhalte, weil ich mich *vorher* überwunden habe."

Wir benötigen Willenskraft aber nicht nur, um große Ziele zu erreichen, sondern auch, um die vielen kleinen täglichen Herausforderungen in Bezug auf „die richtigen" Entscheidungen zu meistern:

- Drücke ich am Morgen noch zwei Mal die Schlummertaste an meinem Wecker – oder stehe ich gleich auf?
- Schaue ich morgens im Büro erst im Internet, was sich so getan hat – oder beginne ich den Arbeitstag mit der Projektkonzeption, die am Abend fertig sein muss?
- Bleibe ich auf der Couch liegen – oder ziehe ich meine Turnschuhe an und gehe eine Runde laufen?

Die Liste ließe sich beliebig fortsetzen. Im Grunde wissen wir haargenau, wie wir all dies eigentlich zu entscheiden hätten. Die Betonung liegt auf „eigentlich" und auf „hätten". Fatal nur, dass die Alternativen unglaublich viel angenehmer, einfacher, bequemer, glücklich machender anmuten.

Tja, damit stecken wir mitten drin im Jetzt-oder-später?-Genuss-Dilemma: Soll ich *jetzt* sofort das Leben genießen und mich gut fühlen? Oder muss ich mich erst einmal anstrengen, quälen, auf etwas verzichten, nur um *irgendwann* in der Zukunft gesünder, glücklicher, liebenswerter zu sein?

> „Wahre Willenskraft zeigt sich darin, nur eine einzige Erdnuss zu essen."
> Spontispruch

Die Erfahrung zeigt: Wir entscheiden uns oft für die kurzfristig bequemere Variante. Außenstehende urteilen dann schnell: „Der war eben nicht genügend motiviert!" Wir aber wissen es selbst besser: Wir waren sehr wohl motiviert und wollten wirklich sofort mit dem Weckerklingeln aufstehen – aber irgendwie haben wir uns im letzten Augenblick doch noch für das entschieden, was wir eigentlich nicht tun wollten. Motivation war also da, nur fehlte im richtigen Moment die nötige Willenskraft.

Was Selbstmotivation von Willenskraft unterscheidet

Selbstmotivation und Willenskraft werden häufig gleichgesetzt. Verständlich, denn stark motivierten Menschen gelingt es auffällig häufiger als anderen, willensstarke Entscheidungen zu treffen. Trotzdem gibt es einen Unterschied zwischen Selbstmotivation und Willensstärke, den viele Menschen intuitiv spüren.

Beispiel:

Fragen wir Teilnehmer in unseren Seminaren: „Woran liegt es, dass Sie Ihre Ziele nicht erreicht haben?", lautet die selbstkritische Antwort in den meisten Fällen: „Im Grunde lag es an mir selbst – an meiner mangelnden Willensstärke." Fast nie fällt die Antwort: „Ich war nicht motiviert."

Motiviert zu sein bedeutet zunächst „nur", ein Motiv zu haben, also einen Beweggrund – einen starken Grund, der in Bewegung setzt. Klar ist: Je attraktiver der Grund bzw. das Ziel, desto mehr Energie habe ich. Dann steigt auch die Wahrscheinlichkeit, in die Gänge zu kommen. Das bedeutet aber noch nicht, dass ich tatsächlich starte. Dafür muss ich mich irgendwann entscheiden. Und das ist eine Willenskraft-Entscheidung.

Beispiel:

Stellen Sie sich vor, Sie packen Ihr Auto: hoch motiviert und begeistert, denn es geht in den Urlaub. Sie füllen Öl nach, prüfen den Reifendruck, tanken voll und bereiten alles mustergültig zur Abfahrt vor. Sie werden trotzdem nicht am Urlaubsziel ankommen, wenn Sie sich nicht irgendwann entscheiden, sich ins Auto zu setzen und tatsächlich loszufahren – obwohl zum Beispiel das Wetter schlechter wird, ein Stau angekündigt wurde oder Freunde Sie noch schnell zum Grillen eingeladen haben.

Selbstmotivation und Willenskraft sind also nicht identisch, spielen aber im Idealfall wunderbar zusammen.

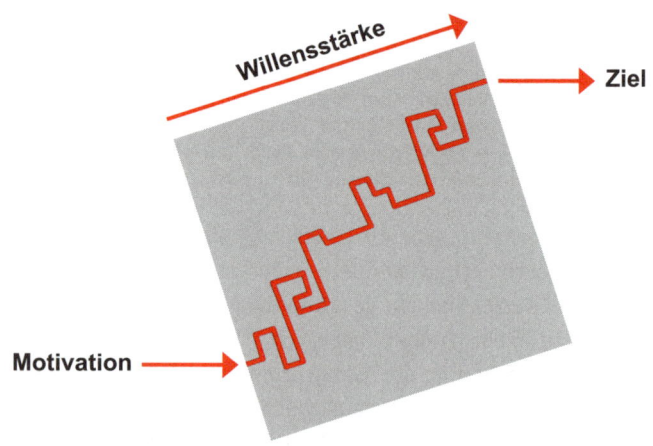

Zusammenspiel von Motivation und Willensstärke

Selbstmotivation ist der Antrieb, die Anschubenergie, die Sie benötigen, um überhaupt loszumarschieren. Willensstärke wiederum ist die Entscheidungskraft, die Sie benötigen, um sich auch dann in Bewegung zu setzen und in Bewegung zu *bleiben*, wenn es zu Beginn oder unterwegs mühsam und beschwerlich ist.

Zur Erreichung eines Ziels ist es folglich wichtig, dass sich Selbstmotivation und Willensstärke ergänzen. Tipps und Tricks, wie Sie das Zusammenspiel beider optimieren können, finden Sie u. a. im Kapitel „Willensstark zum Ziel".

Vorerst bleiben wir jedoch bei der Willensstärke und einer Frage, die Sie sich vielleicht schon selbst gestellt haben: Wie viel Willenskraft habe ich eigentlich und wie viel haben andere?

Willenskraft – ein knappes Gut?

Im Jetzt-oder-später?-Genuss-Dilemma stecken Sie nicht allein. Es trifft jede und jeden, wenn auch in unterschiedlicher Ausprägung. Als in einer weltweiten Studie über 2 Millionen Menschen zu ihren persönlichen Stärken befragt wurden, landete die Selbstdisziplin auf dem letzten Platz.

Natürlich hätte fast jeder Mensch gern mehr Willenskraft. Wer möchte schon ständig Wichtiges auf ein Morgen verschieben, das erfahrungsgemäß kaum eintritt? Es wäre doch von enormem Vorteil, stets genug Willensstärke zu haben, um uns sofort für das zu entscheiden und das zu tun, was uns langfristig ein besseres Leben beschert. An sich ist das plausibel. Denn die Verführungen zum schnellen Genuss lauern immer und überall. Stets brauchen wir in solchen Fällen Willenskraft, um uns für das Richtige zu entscheiden. So gesehen können wir nie genug davon haben. Immer würde es helfen, noch ein bisschen mehr davon zu besitzen. Dabei besitzen wir mehr Willenskraft als wir glauben.

Warum wir mehr Willenskraft haben als wir glauben

Willensstärke ist zwar ein knappes Gut, aber überraschenderweise besitzen wir viel, viel mehr davon als wir meinen. Das belegt eine Studie des Psychologen Roy Baumeister, die er zusammen mit dem Journalisten John Tierney startete. Die beiden statteten 200 Männer und Frauen mit einem „Beeper" aus, der siebenmal am Tag an zufälligen Zeitpunkten klingelte.

Die Teilnehmer sollten dann notieren, ob sie in diesem Augenblick einen Wunsch oder ein Bedürfnis verspürten. So kamen Zehntausende von Momentaufnahmen zusammen. Die Untersuchung ergab schließlich: Wir verbringen pro Tag 3 bis 4 Stunden damit, auf Wünsche zu verzichten, Bedürfnisse zu unterdrücken und Versuchungen zu widerstehen.

> „Der Unterschied zwischen einem erfolgreichen Menschen und anderen ist nicht das Fehlen von Stärke, nicht das Fehlen von Wissen, sondern das Fehlen von Willen." (Vince Lombardi, US-amerikanischer Football-Trainer)

Das muss man sich mal vorstellen: täglich 3 bis 4 Stunden! „Nur", um Willenskraft einzusetzen und sich für etwas zu entscheiden, das langfristig besser für uns ist.

Das erstaunliche Ergebnis der Studie war: In 83 von 100 Fällen schafften es die Testpersonen, einer Versuchung zu widerstehen. Am leichtesten fiel es ihnen, den Wunsch nach Sex, Konsum oder Schlaf zu unterdrücken. Durchschnittlich gut gelang es beim Verzicht auf Essen und Getränke. Am schwersten fiel es ihnen, sich nicht von der Arbeit ablenken zu lassen. Hier scheiterte fast die Hälfte. Die Testpersonen blieben z. B. vor dem Fernseher hängen oder verloren sich im Internet.

Alles in allem ein recht ordentliches Ergebnis: im Durchschnitt 17 Mal gescheitert, dafür rund 83 Mal erfolgreich einer Versuchung widerstanden. Weshalb aber herrscht in uns trotzdem oft das Gefühl vor, immer zu wenig Willenskraft aufbringen zu können? Einfach deshalb, weil wir

1 bewusst gar nicht immer wahrnehmen, uns „richtig" entschieden zu haben;

2 gleich wieder vergessen, einer Versuchung widerstanden zu haben;

3 uns ärgern und Vorwürfe machen, auch nur einer einzigen Versuchung erlegen zu sein;

4 genau wissen, dass wir jedes – wirklich jedes! – Mal, wenn wir nachgeben, unsere wirklich wichtigen Ziele boykottieren und uns damit die Chance auf ein besseres Leben vermasseln.

Eine Wissenschaft für sich: Was Willensstärke wirklich ist

Warum wir immer wieder in das Jetzt-oder-später?-Genuss-Dilemma geraten und was es mit der Willensstärke insgesamt auf sich hat, kann die Wissenschaft inzwischen genau erklären. Jeder Mensch verfügt über Willensstärke, die er individuell zu nutzen versteht. Sie ist damit, wie eingangs erwähnt, weder ein Charaktermerkmal noch ein moralischer Wert. Sie ist vielmehr eine Fähigkeit, die wir dann benötigen, wenn wir in einen Zielkonflikt geraten. Sie hilft uns immer dann, wenn wir einerseits schnelle unmittelbare Befriedigung suchen, andererseits aber genau wissen, dass dies unseren langfristigen Interessen widerspricht. Willensstärke unterstützt uns in diesen Fällen dabei, das langfristig Bessere zu tun. Dahinter steckt eine ziemlich wirkungsvolle Strategie der menschlichen Evolution.

Willensstärke: ein „neuer" menschlicher Überlebensmechanismus

Physiologisch gesehen sitzt die Willensstärke in einem Bereich des Gehirns etwa hinter Stirn und Augen, dem Stirnhirn. Dieser sog. präfrontale Cortex hat sich in der Evolution erst sehr spät gebildet. Und es gibt ihn so auch nur beim Menschen. Dass in diesem Gehirnareal Willensentscheidungen getroffen werden, haben Wissenschaftler aus dem berühmt gewordenen Fall des Phineas Gage geschlossen.

Beispiel:

> Vermont, 13. September 1848, 16.30 Uhr. Der 25-jährige Vorarbeiter Phineas Gage hat beim Bau einer Eisenbahnlinie eine Sprengung vorbereitet. Ein kleiner Fehler führt dazu, dass ihm bei der Detonation eine 1 Meter lange und 3 Zentimeter dicke Eisenstange in den Schädel dringt. Gage überlebt den Unfall, bleibt sogar bei vollem Bewusstsein und ist bereits zwei Monate später wieder arbeitsfähig. Aber: Seine Persönlichkeit hat sich vollkommen verändert. Aus dem zuverlässigen und umgänglichen Vorarbeiter ist ein respektloser, ausschweifender Mann geworden, mit dem niemand mehr etwas zu tun haben will.

Was damals als Persönlichkeitsveränderung beobachtet wurde, beschreiben Mediziner heute als Frontalhirn-Syndrom. Phineas Gage ist der berühmteste Fall. Die Eisenstange hatte den für das vorausschauende Handeln und die Regulation von Emotionen zuständigen Bereich seines Stirnhirns zerstört. Jener Bereich wird aktiv, wenn es um Willensentscheidungen geht. Denn unser Wille ist immer dann gefordert, wenn wir etwas tun wollen, das erst langfristig zu einer Belohnung führt oder kurzfristig bestimmten Gefühlen widerspricht. Solche vorausschauenden, gefühlsregulierenden Willensentscheidungen gibt es nur beim Menschen. Der große Vorteil: Menschen können ihr (Über-)Leben damit unabhängig von Instinkten und spontanen Impulsen gestalten. Tiere können das nicht. Ein Hund kann weder Knochen für sein Alter zurücklegen, noch schafft er es, aus gesundheitlichen Gründen seinen Napf nur halb zu leeren. Willensentscheidungen zu treffen ist also eine wertvolle Fähigkeit. Sie kann zu einem längeren und besseren Leben verhelfen.

Willensstärke sichert unser Zusammenleben

Willensstärke hilft dem Menschen nicht nur, gut und lang zu leben. Sie hilft auch dem Überleben unserer Gattung. Was passierte, wenn Menschen im Zusammenleben miteinander ihre Gefühle nicht regulieren oder die Folgen ihres Handelns nicht abschätzen könnten? Was wäre, wenn wir in jedem Augenblick unseren Trieben und Bedürfnissen nachgeben würden? Wir würden andere beiseite hauen, die im Weg stehen, uns auf den nächsten Mann, die nächste Frau stürzen, die uns sexuell erregen, jedes leckere Essen in uns hineinstopfen, das gerade verfügbar ist oder alles stehen und liegen lassen, um mal schnell ein Nickerchen zu machen ... Zusammenarbeit, Gemeinschaft und der Aufbau von Kultur und Technik hätten so wohl nie stattgefunden.

So gesehen ist Willensstärke ein typisch menschlicher Überlebensmechanismus. Nur leider nutzen wir sie nicht immer. Schuld daran ist ein anderer Teil unseres Gehirns, der ebenso für unser Überleben zuständig ist.

Wille versus Triebe und Instinkte

Dieser andere Teil unseres Überlebenssystems besteht aus den evolutionsbiologisch älteren Trieben, Instinkten und Verhaltensprogrammen. Auch diese funktionieren hervorragend und taten dies schon, bevor sich die Fähigkeit für Willensentscheidungen ausbildete.

Helfen uns Willensentscheidungen langfristig gut zu überleben, dann helfen uns Triebe und spontane Impulse beim kurzfristigen Überlebenskampf. Dieses Verhaltensprogramm hat die Evolution für ein Überleben in einer ressourcenarmen, lebensfeindlichen Umgebung hervorgebracht, für den Kampf mit dem Säbelzahntiger und dem Mammut. Die Grundprinzipien unseres „alten" Überlebensprogramms: sofort und möglichst viel von dem essen, was süß und fettig ist; besiegbare Feinde und Rivalen sofort angreifen und niederwerfen; vor Gefahren die Flucht ergreifen; wo immer möglich, Energie sparen und sich ausruhen.

Fällt Ihnen etwas auf? Es sind genau die Dinge, die wir tun, obwohl wir sie *nicht* tun wollen und die wir dann unter „mangelnder Willensstärke" einordnen. Dieses archaische Überlebensprogramm ist wirkungsvoll und absolut passend – sofern man mit der Sippe in einer Höhle wohnt, wilde Tiere die Steppe durchstreifen und nur begrenzt Nahrung zur Verfügung steht. Aber sie ist „lebensgefährlich" in einer Welt voll feiner Torten, herzhafter Braten und anderer fetter und süßer Versuchungen. Die uralten Überlebensimpulse lassen uns mehr davon essen, als uns gut tut. Diese Impulse lassen Sie in der Vorstandspräsentation zittrig dastehen, einfach weil

Sie auf die Runde der Chefs wie auf ein Rudel zähnefletschender Säbelzahntiger reagieren. Und schließlich drängt uns das alte Überlebensprogramm dazu, auf Sport und Bewegung zu verzichten, weil das Kräftesparen zu den uralten, hoch bewährten Überlebenstechniken gehört. Aber auch wenn uns dieses impulsdominierte Überlebenssystem heute meist mehr schadet als nutzt – abschalten können wir es nicht. Das wäre auch nicht klug. Denn alles in allem schützt es nach wie vor: Es warnt weiterhin vor Gefahren, belohnt mit Glücksgefühlen nach Erfolgen und versorgt uns mit Kraft und der nötigen Portion Aggressivität, wenn es um das Erreichen wichtiger Ziele geht.

Deshalb kann es nicht darum gehen, seine Impulse, Gefühle und Bedürfnisse per Willensstärke in allen Situationen hundertprozentig zu kontrollieren. Es geht vielmehr darum zu wissen,

- wann und wie diese Gefühle und Impulse ausgelöst werden,
- wann man ihnen sinnvollerweise mit Willenskraft begegnet und
- wie man dies geschickt und wirkungsvoll anstellt.

Dabei hilft es, die biologisch-physiologischen Mechanismen zu kennen, nach denen unsere Willenskraft funktioniert. Auch hierzu liefert die Wissenschaft aufschlussreiche Erkenntnisse, unter anderem zur Frage, warum auch ein starker Wille irgendwann schlappmacht.

Warum auch der stärkste Wille irgendwann schlappmacht

Der Wille kann Berge versetzen, heißt es. Dem ist sicher so. Aber wer einen Berg versetzt hat, wird danach wohl kaum mehr so fit und munter sein wie zuvor. Tatsächlich zeigen Alltagsbeobachtungen, dass Menschen zwar immer wieder mit starkem Willen an Aufgaben herantreten, ihr Wille aber dann doch irgendwann schlappmacht.

Beispiel:

> Günter Kuhn betritt ein Autohaus, entschlossen, einen neuen Wagen zu kaufen. Marke und Typ stehen fest. Zur Ausstattung muss er allerdings noch einige Entscheidungen treffen: Welche der vier Schaltungsvarianten soll er nehmen? Sitzheizung? Leder? Es stehen 13 verschiedene Reifen und Felgen zur Wahl. Welche der zwölf Kombinationen aus Motor und Getriebe ist die beste? Außerdem muss er sich für eine Farbe entscheiden und die dazu passenden Sitzbezüge. Die Farbskala bietet 56 Varianten. Während Herr Kuhn zu Beginn jede Entscheidung sorgfältig abwägt und sich wiederholt gegen Empfehlungen des Verkäufers entscheidet, überlässt er diesem zum Ende hin mehr und mehr die Auswahl. Seine Willenskraft ist erlahmt; er ist entscheidungsmüde geworden.

Was sich im Beispiel zeigt, bestätigt eine Vielzahl ähnlicher Experimente: Müssen Menschen viele Entscheidungen innerhalb kurzer Zeit fällen, werden sie irgendwann müde und treffen zunehmend Entschlüsse, für die sie wenig Energie und Willenskraft aufwenden müssen. Ansonsten vernünftige Menschen fangen dann an, plötzlich unvernünftige Dinge zu tun: einem Kunden unbeherrscht antworten; doch wieder eine

Zigarette rauchen; statt nur einen gleich sechs DVD-Filme kaufen; spontan mit Scheidung drohen und Ähnliches mehr.

Der amerikanische Psychologie-Professor Roy Baumeister zählt zu den bekanntesten Erforschern der Willenskraft. In unzähligen Experimenten hat er Testpersonen nicht nur mit Süßigkeiten in Versuchung geführt, sondern auch mit Ablenkungen, Druck, Lob, Belohnungen und anderem mehr. Immer zeigte sich: Je öfter die Willenskraft benötigt wurde, um das eigene Verhalten zu regulieren und Versuchungen zu widerstehen, desto mehr erlahmte sie.

Das führt uns zu einer äußerst wertvollen Erkenntnis: Jede Handlung, für die Willensstärke benötigt wird, bezieht ihre Kraft aus ein und derselben Quelle, und jede erfolgreiche Willenskrafthandlung erschöpft eben diese Quelle ein Stückchen mehr. Mit anderen Worten: Ganz gleich, ob Sie eine Reihe zukunftsweisender Entscheidungen für Ihr Unternehmen fällen, mittags auf den Nachtisch verzichten oder Ihren Ärger über den Verkehrsstau unterdrücken – all das raubt Ihnen Stück für Stück an Willensenergie.

> Insofern ist mangelnde Willenskraft in einem bestimmten Moment eben kein Merkmal von Charakterschwäche, sondern oftmals ein Anzeichen dafür, wie sehr Sie sich an anderer Stelle angestrengt haben.

Unser Wille funktioniert wie ein Muskel

Der Willenskraft-Forscher Roy Baumeister hat aus all dem einen bedeutsamen Schluss gezogen: Der Wille funktioniert wie ein Muskel.

1   Zum einen werden Muskeln bei Dauerbeanspruchung schwächer. Kein noch so trainierter Kraftsportler kann unendlich viele Liegestütze hintereinander wegpumpen – irgendwann ist seine Kraft erschöpft. Ebenso verhält es sich mit der Willenskraft.

2   Zum anderen – und das ist die gute Nachricht – lassen sich Muskeln trainieren. Dann steigert sich die Zahl an Liegestützen. Ebenso können wir unsere Willenskraft ertüchtigen. Dann kann sie auch mehr leisten.

Das bedeutet auch: Wer alles zu kontrollieren versucht, verbraucht dabei Willensenergie. Dann droht das Gegenteil vom Erstrebten: Kontrollverlust. Entspannung ist daher wichtig. Gerade wenn Sie lange Zeit auf ein Ziel hinarbeiten und dabei viel Willensenergie verbrauchen, verlangt Ihr Organismus nach Entspannung und ein bisschen Gehen- und Treibenlassen. Anderenfalls fehlt die Energie, die Sie für die nächste wichtige Willensentscheidung benötigen.

Am besten legen Sie Pausen von der Willensentscheidung bereits dann ein, wenn sie scheinbar noch gar nicht gebraucht werden.

Trainingsstrategien für den „Willenskraft-Muskel"

Aus der Tatsache, dass der Wille ähnlich wie ein Muskel funktioniert, lassen sich zwei grundlegende Strategien zu seiner Stärkung ableiten.

Strategie 1: Willenskraft steigern durch Aufbauübungen

Diese erste und nächstliegende Strategie entspricht im Prinzip dem reinen Muskeltraining. Sie lautet: einen Widerstand überwinden, dann wiederholen, wiederholen, wiederholen, gefolgt von der Erhöhung des Widerstands, dann wieder und immer wieder wiederholen. Diverse Studien zeigen, wie bereits kleine, regelmäßige Willenskraftübungen zu einer Steigerung der Willensstärke führen.

Beispiel:

 Studienteilnehmer durchliefen ein Programm, in dem sie aufgefordert wurden, ein einfaches, aber ihnen lästiges Verhalten an den Tag zu legen, z. B. Termine einhalten, aufräumen, jemanden regelmäßig anrufen oder Ähnliches. Es zeigte sich, dass die Teilnehmer dadurch nicht allein ihr ausgewähltes Verhalten besser steuern konnten. Sie begannen gleichzeitig auch, sich besser zu ernähren, weniger Alkohol zu trinken und sich mehr auf ihre Arbeit zu konzentrieren.

Ein solches Programm stellen wir Ihnen im Kapitel „Trainingseinheiten für Ihre Willenskraft" vor.

Strategie 2: Willenskraft schonen

Die zweite Strategie leitet sich daraus ab, dass übermäßiger Gebrauch die Willenskraft wie einen Muskel erschöpft. Diese Strategie sieht vor, dass Sie am besten alles meiden, was Ihre Willenskraft unnötig beansprucht und damit schwächt.

- Stress und körperliche Belastungen schwächen die Willenskraft ebenso wie eine ständige Abwehr von Ablenkungen und Verführungen.

- Geistige Entspannung und körperliche Fitness stärken die Willenskraft ebenso wie das bewusste Meiden von Ablenkungen und Verführungen.

Leichter gesagt als getan. Aber es geht – sofern man weiß, wie. Sie erfahren es Schritt für Schritt in den nächsten Kapiteln. Eines wollen wir Ihnen vorab verraten: Große Willensstärke beruht nicht auf eiserner Disziplin oder der unerschrockenen Bereitschaft, die Zähne zusammenzubeißen und sich zu quälen. Willensstärke beruht auf der Fähigkeit, Gedanken und Gefühle so zu lenken, dass das „Quälen" kein echtes Quälen mehr ist. Ja, dass Sie es sogar gern tun, weil Sie wissen, welches Glück Ihnen die Anstrengung letztlich bescheren wird oder welche Überwindungsprämie am Ende auf Sie wartet.

Auf einen Blick: Mehr Willensstärke für ein besseres Leben

- Willensstärke ist keine spezifische Charaktereigenschaft, sondern eine Fähigkeit, die sich jeder Mensch antrainieren kann.

- Willensstärke und Selbstmotivation ergänzen sich, sind aber nicht dasselbe. Motivation ist die Anschubenergie, die benötigt wird, um überhaupt loszumarschieren. Willensstärke ist die Entscheidungskraft, um auch dann in Bewegung zu *bleiben,* wenn es unterwegs beschwerlich wird.

- Willensstärke ist evolutionsbiologisch ein noch junger Überlebensmechanismus, der uns hilft, unseren archaischen Instinkten nicht immer nachzugeben.

- Je stärker unsere Willenskraft, desto besser, glücklicher und gesünder leben wir.

- Willenskraft funktioniert wie ein Muskel. Sie ermüdet im Dauereinsatz. Sie lässt sich aber auch wie ein Muskel trainieren und aufbauen.

Willenskraft-Fallen erkennen und vermeiden

Es kursieren viele Strategien zur Stärkung der Willenskraft. Aber aufgepasst – einige bewirken auf tückische Weise das Gegenteil: Sie schwächen unseren Willen.

In diesem Kapitel erfahren Sie u. a.,

- warum Sie sich das beliebte Appellieren an die Vernunft sparen können,
- wie durch moralisches Denken und Handeln die Zahl der „bösen", triebbeherrschten Entscheidungen zunimmt,
- weshalb Sie langfristig erfolgreicher sind, wenn Sie nicht streng, sondern gnädig mit sich selbst sind,
- wieso Zukunftsoptimismus uns um eine bessere Zukunft bringen kann.

Falle 1: An die eigene Vernunft appellieren

Der Konflikt zwischen schnellem Genuss und langfristigem Glück ist so alt wie die Menschheit. Deshalb haben findige Köpfe schon seit eh und je nach Techniken gesucht, um den kurzweiligen Verlockungen zu widerstehen. Fraglos eine der ältesten Strategien ist es, an die eigene Vernunft zu appellieren. Diese Strategie beruht auf Appellen an den Einzelnen, was er tun oder lassen soll: „Du sollst …!" – „Du sollst nicht …!". Sie findet sich nicht nur in den großen religiösen Moralsystemen – man denke z. B. an die Zehn Gebote der Bibel – sondern wird auch von Erziehungsberechtigten seit Menschengedenken weltweit angewendet. Wir versuchen es selbst immer wieder nach diesem Prinzip. Es klingt dann meist etwas milder. Etwa so: „Du solltest dich eigentlich etwas gesünder ernähren", oder: „Du solltest dich mal wieder mehr bewegen", oder: „Du solltest jetzt mit der Vorbereitung für die Präsentation beginnen".

All dies sind Appelle an die Vernunft. Wir appellieren an andere, sich klug und vernünftig zu verhalten, andere wiederum appellieren an uns, und schließlich appellieren wir auch immer wieder gern an uns selbst, das Richtige zu tun. Immer sind wir dabei beherrscht vom Glauben, die Vernunft werde am Ende siegen bzw. unseren Willen soweit stärken, dass wir uns für das entscheiden, was getan werden muss. Das Problem dabei: Appellieren führt fast nie zum Ziel. Meist essen wir damit nicht gesünder, bewegen uns nicht öfter und lassen die Erstellung der wichtigen Präsentation ein weiteres Mal liegen.

Warum ist das so? Die Antwort lautet: Der Appell geht ins Leere, weil wir ihn schlicht an den falschen Empfänger richten. Die Vernunft trifft nämlich gar keine Entscheidung, sie sammelt nur Informationen und begründet hinterher die getroffenen Entscheidungen.

Die Vernunft entscheidet gar nichts

Die Entscheidung, ob wir so oder auf eine andere Weise handeln, fällt nicht unsere Vernunft, sondern unser Gefühl. Entscheidungen trifft das limbische System des Gehirns. Dieses System entspricht, grob ausgedrückt, unserem emotionalen Gehirn und ist darauf ausgerichtet, unser Handeln so zu steuern, dass wir möglichst viel Lust und möglichst wenig Schmerzen empfinden. Diese beiden grundlegenden Antriebskräfte bringen uns dazu, etwas zu tun oder etwas zu unterlassen. Die eine Kraft treibt uns an, alles dafür zu tun, um Glück, Zufriedenheit und Lust zu empfinden. Die andere treibt uns an, alles zu vermeiden, was Schmerz, Unglück, Unzufriedenheit verursacht.

Unsere Antreiber: Lustgewinn und Schmerzvermeidung

Am Lustgewinn und der Schmerzvermeidung richten wir unser gesamtes Handeln aus. Daraus ergibt sich auch, wie wir mit Appellen umgehen: Stets wägen wir ab, was unter dem Strich mehr Lustgewinn verspricht und weniger Schmerz verursacht. Nur wenn ein Appell im Augenblick der Entscheidung mehr Wohlbefinden als Unlust verspricht, befolgen wir ihn. Wenn nicht, dann nicht.

Genau deshalb können Sie es sich auch sparen, an die eigene Vernunft zu appellieren. Sie wird Ihnen *nicht* helfen, ins richtige Handeln zu kommen. Dafür gibt es bessere Techniken. Solche, die ganz bewusst mit den beiden Antriebskräften arbeiten. Im Kern geht es dabei immer um die Antwort auf die Frage: „Welcher Gedanke hilft mir, das, was ich tun sollte, als lustvoll zu empfinden?" Wie Sie solche Gedanken finden können, beschreiben wir im Kapitel „Willensstark zum Ziel" genauer. Im Augenblick genügt die Feststellung: An die eigene Vernunft zu appellieren, läuft ins Leere.

Warum erfreut sich das Appellieren trotzdem so großer Beliebtheit? Aus zwei einfachen Gründen:

1   Wir halten trotz vieler Erfahrungen und wissenschaftlicher Gegenbeweise stur am Glauben fest, als vernunftbegabte Wesen hauptsächlich rational zu entscheiden und zu handeln.

2   Appellieren fühlt sich einfach gut an. Denn damit signalisiert man sich und anderen: „Es ist alles in Ordnung. Ich weiß ja, was richtig ist. Sobald ich dazu komme, werde ich auch so handeln." Das tun wir dann zwar meist nicht, aber es fühlt sich schon ein bisschen so an, als würden wir es tun.

Diese Gründe machen das Appellieren nicht nur zu einem Zeit- und Energiefresser, sondern auch zu einer Falle: Das mit dem Appellieren einhergehende, beruhigende Gefühl verringert den inneren Handlungsdruck. Das ist ein bisschen wie Dampf ablassen. Dann kann alles weiter so vor sich hin köcheln wie bisher.

Unsere Empfehlung: Sparen Sie sich Appelle an die innere Vernunft und genießen Sie es lieber ganz bewusst, einmal Ungesundes zu essen und faul auf dem Sofa herumzuliegen. Oder Sie packen Ihr Ziel richtig an und finden *in sich* Gründe, die sie *emotional* zum Handeln bewegen.

Beispiel:

 Beginnen Sie die Präsentation tatsächlich jetzt, weil Sie sich hinterher merklich erleichtert fühlen. Essen Sie gesunde Lebensmittel, die Ihnen schmecken. Finden Sie eine Sportart oder Bewegungsabläufe, die Ihnen wirklich Spaß machen.

Falle 2: Moralisch denken und Opfer bringen

Wie? Moralisch zu denken und zu handeln soll eine Falle, ein Fehler sein? Ja, leider! Allerdings nicht grundsätzlich, sondern im Zusammenhang mit Willenskraft-Entscheidungen. Um dies zu verstehen, gilt es sich bewusst zu machen, was moralisches Denken und Handeln im Kern bedeuten: nämlich die Welt in Gut und Böse zu scheiden. Dazu gehören dann „gute" Verhaltensweisen und „böse" Verhaltensweisen bzw. erlaubtes Verhalten und verbotenes Verhalten. Diese Unterscheidung ist allen Moralsystemen eigen. Diese weichen lediglich in der Definition, was Gut und Böse genau sind, voneinander ab.

Was aber hat dies mit Willenskraft-Entscheidungen zu tun? Sehr viel! All das spielt eine Rolle, wenn es um die moralische Bewertung des Jetzt-oder-später-Genuss-Dilemmas geht.

Beispielsweise, indem man all die angenehmen Ablenkungen als moralisch minderwertig betrachtet und all die disziplinierten, erst langfristig sinnvollen Tätigkeiten als moralisch höherwertig einstuft. Wie ist das bei Ihnen? Spüren auch Sie diese Tendenz in sich? Wenn ja, ist das erst einmal nicht schlimm – aber es könnte gefährlich werden! Und zwar genau dann, wenn Sie für sich spüren, dass Sie die „bösen" kurzfristigen Befriedigungen als besser und attraktiver empfinden als die „guten", vernünftigen Verhaltensweisen.

Identifizieren Sie sich also vielleicht mehr mit Ihren Impulsen und weniger mit Ihren langfristigen Interessen? Und haben Sie vielleicht das Gefühl, Sie würden lieber Ihren Impulsen folgen und tun das nur deswegen nicht, weil diese – moralisch betrachtet – „böse" sind? Ein solches moralisches Denken ist deshalb gefährlich, weil es unterschwellig das Gefühl befördert, Willenskraft-Herausforderungen würden immer das bedrohen, was Sie am meisten wollen. Das geht dann leicht einher mit dem Gefühl, der Moral jedes Mal ein Opfer bringen zu müssen, wenn Sie sich gegen die „bösen" Verführungen und für die unangenehmen „guten" Verhaltensweisen entscheiden.

Moralisch motivierte Opfer schwächen Ihre Willenskraft

Wer bringt schon gern sein Leben lang Opfer? Wie lange lässt sich so etwas durchhalten? Was bewirkt es, wenn Raucher jede einzelne, nicht gerauchte Zigarette als Opfer empfinden? Oder wenn sich jedes „Nicht-im-Internet-Surfen" ebenso als ein Opfer anfühlt wie der Verzicht auf die Currywurst, das Büroschwätzchen, die Feierabend-Couch, auf den Fernsehabend und so weiter? Denke und empfinde ich so, bedeutet jeder kleine Verzicht eine große Anstrengung für meinen Willen.

Willenskraft ist begrenzt. Sie schwindet durch Gebrauch. Und sie wird umso schneller aufgebraucht, je mehr sie dafür herhalten muss, schmerzhafte Opfer zu erbringen.

Einer der Hauptgründe für das Scheitern beim Versuch, ungesunde Angewohnheiten durch gesunde zu ersetzen, ist das Gefühl, man bringe jedes Mal ein Opfer, wenn man die „guten" Dinge tut. Das überfordert die Willensstärke auf Dauer.

Willenskraft-Entscheidungen aus Gründen der Moral zu treffen, führt leicht in eine weitere Falle, nämlich: „gute" gegen „schlechte" Handlungen aufzurechnen.

Die Moralische Lizenz zum Sündigen

Vielleicht kommen Ihnen folgende Denk- und Verhaltensmuster bekannt vor:

- „Ich bin jetzt eine Woche lang immer früh aufgestanden. Es ist daher völlig in Ordnung, wenn ich nächste Woche ein-, zweimal länger schlafe."

- „Ich habe gerade so hart trainiert, dass ich mir heute Abend statt eines Riegels Schokolade die halbe Tafel gönnen kann."

- „Ich habe im Supermarkt heute Morgen so viel gespart, dass ich mir im Internet das teure Designer-Hemd bestellen darf."

So zu denken und so zu handeln, fühlt sich irgendwie richtig an. Es ist aber, rational betrachtet, komplett falsch. Wenn ich früh aufgestanden bin, um dadurch den Tag über mehr Arbeit erledigen zu können, werde ich mein Ziel weniger gut realisieren, so ich zweimal länger schlafe. Und wenn ich trainiere um abzunehmen, verlängert die halbe Tafel Schokolade meinen Weg zum Ziel. Wenn ich im Discounter gespart habe, damit ich nicht ständig das Konto überziehe, boykottiere ich dieses Ziel mit dem teuren Designer-Shirt. Aber warum fühlte sich all das doch irgendwie richtig an? Und warum machen wir so etwas Irrationales überhaupt? Psychologen erklären diese Verhaltensweise mit der „Moralischen Lizenz zum Sündigen". Darunter verstehen sie einen psychischen Mechanismus, der in der Kurzformel lautet: Habe ich irgendetwas „Gutes" getan, habe ich automatisch das Recht erworben, auch irgendetwas „Schlechtes" zu tun.

Beispiel:

 Wirtschaftsmanager taten in einem Planspiel weniger Gutes für die Umwelt, wenn sie sich kurz vorher daran erinnerten, wie sie sich in einem anderen Fall moralisch einwandfrei verhalten hatten. Teilnehmer an einem Abnehmprogramm wählten mit großer Mehrheit einen Schokoriegel statt eines Apfels, wenn sie vorher an ihre Fortschritte bei der Gewichtsabnahme erinnert wurden. Ohne diese Erinnerung entschieden sich deutlich weniger Teilnehmer für den Riegel.

Solche Verhaltensmechanismen lassen sich vor allem bei Menschen beobachten, die vornehmlich moralisch denken und handeln. Der Grund: Wer sich hauptsächlich von dieser Art zu denken und zu empfinden leiten lässt, tut die „guten" Dinge ja nicht in erster Linie, weil sie ihn seinem Ziel näher bringen, sondern weil sie ihm moralisch „richtig" scheinen. Eine verhältnismäßig schwache Motivation, wie Psychologen wissen. Viel stärker sind und bleiben die menschlichen Grundantriebskräfte: Wir wollen bekommen, was Lust bereitet, und vermeiden, was Schmerz verursacht.

Widerspricht eine moralische Regel diesen starken Grundantrieben, muss sie halt gebrochen werden. Weil sich das aber nicht wirklich gut anfühlt, wird sie stattdessen ausgetrickst – und zwar mit der Moralischen Lizenz zum Sündigen. Sie erlaubt mir, ab und zu auch mal Schlechtes zu tun, da ich vorher ja (genügend) Gutes getan habe. So kann ich mich immer noch als guter Mensch fühlen, der zumindest unter dem Strich brav und tapfer das Richtige tut. Das Fatale dabei ist nur, dass ich mich damit weiter von meinem Ziel entferne und meine vorherigen Willenskraft-Anstrengungen im Nachhinein sabotiere.

Wege aus der Moralfalle

Bemerken Sie, dass Sie sich des Öfteren die moralische Lizenz zum Sündigen erteilen, hilft es, zunächst grundsätzlich zu klären, wie Sie sich selbst sehen: Fühlen Sie sich, wie die meisten Menschen, mehr als die „sündige Person", die es immer wieder zu den Ablenkungen und Verführungen drängt, oder halten Sie sich eher für eine „untadelige Person", die sich hauptsächlich von langfristigen Interessen leiten lässt und stets verantwortlich handelt?

Ordnen Sie sich in die Kategorie der Sünder ein, empfehlen wir folgendes Vorgehen.

Entwickeln Sie „zielorientiertes Wirkungsdenken"

1. Verabschieden Sie sich von der Vorstellung, es gäbe im Zusammenhang mit Willenskraft-Herausforderungen gute und böse Verhaltensweisen. Etwas zu genießen, mal auszuruhen oder einfach mal seinen Neigungen nachzugehen, ist genauso sinnvoll und natürlich, wie sich anzustrengen oder auf etwas zu verzichten, um ein langfristiges Ziel zu erreichen. Beides gehört zusammen, und beides ist gleich viel wert.

2. Identifizieren Sie sich nicht mehr länger mit dem Teil von Ihnen, der sich mehr für die kurzfristigen Befriedigungen interessiert. Entdecken Sie den klugen und weisen Menschen in sich, der weiß, wie gut es ist, die langfristigen Interessen zu verfolgen, und der ebenso weiß, dass man dabei ganz natürlich immer wieder Ablenkungen und Verführungen nachgibt.

3. Vor allem: Bewerten Sie Ihre Verhaltensweisen im Zusammenhang mit dem Erreichen von Zielen nicht nach moralischen Kategorien, sondern nach der Wirkung. Unterscheiden Sie also nicht mehr nach Gut und Böse, sondern nur noch nach: „Bringt mich meinem Ziel näher", oder: „Führt mich von meinem Ziel weg".

Entwickeln Sie „zielorientiertes Wirkungsdenken"

4. Haben Sie Fortschritte auf dem Weg zu Ihrem Ziel gemacht, achten Sie darauf, dass Sie nicht dem Gefühl nachgeben: „Prima, jetzt kann ich mir ja etwas von dem gönnen, das ich mir bislang versagt habe." Bewerten Sie stattdessen Ihren Fortschritt als Bestätigung, nach dem Motto: „Super, ich habe offenbar alles richtig gemacht! Genauso mache ich weiter!"

Falle 3: Streng mit sich sein

Noch so eine seltsame Vorstellung: Was soll denn verkehrt daran sein, streng mit sich umzugehen? In unseren Seminaren hören wir von Teilnehmerinnen und Teilnehmern immer wieder: „Das muss ich aber sein, streng und selbstkritisch. Wenn ich erst einmal damit anfange, mir alles durchgehen zu lassen und zu verzeihen, lasse ich mich ablenken, folge meinen spontanen Impulsen und erreiche mein Ziel nicht." Das klingt irgendwie logisch und fühlt sich auch richtig an. Und trotzdem funktioniert es nicht so einfach. Genauer gesagt, funktionieren wir Menschen nicht so einfach. Auch hier wirken wieder psychische Mechanismen mit fatalen Folgen für die eigenen Ziele und für die Willenskraft, die einen dorthin führen soll.

Diesen Folgen kommen Sie ganz schnell auf die Spur: Stellen Sie sich vor, was passiert, wenn andere Menschen ganz streng mit Ihnen sind und Ihnen die Schuld für etwas geben. Fühlt sich das gut an? Natürlich nicht. Und was geschieht deshalb?

Genau: Sie zeigen eher Abwehrreaktionen, und Ihr Bedürfnis nach tröstlichen Dingen steigt. Dasselbe passiert, wenn Sie mit sich gnadenlos selbstkritisch umgehen und sich schuldig sprechen.

Selbstvorwürfe verstärken das Bedürfnis nach Seelentröstern

Den Druck, Schuld zu haben, will niemand aushalten. Also suchen wir etwas, das Angst und Druck vertreibt. Jedenfalls nach Ansicht jenes Gehirnareals, das unter anderem für Stressreaktionen verantwortlich ist und unser altes, primitives Überlebenssystem steuert. Leider funktioniert dieses System immer noch nach dem alten Muster. Es hält immer das für die höchsten Wonnen der Glückseligkeit, was in den Steppen der grauen Vorzeit das Überleben sicherte und deshalb höchste Glücksgefühle hervorbrachte: Essen, Trinken, Beute machen, Sex, Nichtstun.

Alles, was sich irgendwie nach Belohnung anfühlt und wohlige Gefühle auslöst, eignet sich als Seelentröster. Seelentröster sind Dinge, die unserem „primitiven" emotionalen Gehirn sehr gut gefallen: Essen, Trinken, Faulenzen, Behaglichkeit, Filme schauen, Internet-Surfen, Einkaufen etc. Die Liste kann jeder für sich weiterführen. Aber egal, was Sie dort stehen haben: Es werden genau die Dinge sein, die unserer Selbstdisziplin zusetzen und unsere Willensstärke ordentlich auf die Probe stellen. Und damit hat wiederum unser höher entwickeltes Überlebenssystem zu kämpfen. Dieses ist nun gefordert, per Willensanstrengung all das eben nicht zu machen:

Kummerfuttern, Ablenkungstrinken, Belohnungsshoppen, Seitensprünge etc. – zumindest dann nicht, wenn es unseren langfristigen Zielen widerspricht. Das fällt aber gerade in Stresssituationen besonders schwer. Und so kommt es immer wieder dazu, dass Menschen sich scheinbar widersinnig verhalten.

Beispiel:

Frauen, die sich um ihre Finanzen sorgen, gehen exzessiv auf Beutezug – Powershoppen. Männer, die sich wegen ihres Trinkverhaltens schwere Vorwürfe machen, kippen noch einen hinter die Binde mit fadenscheinigen Begründungen wie: „Wer weiß, wann es wieder so schön ist?" Und wer hat nicht schon um seine Steuererklärung auch dann noch einen großen Bogen gemacht, als sie längst überfällig war – nur, um nicht mit seinem schlechten Gewissen konfrontiert zu werden?

Stellt sich die Frage: Was hilft dagegen?

Seien Sie gnädiger mit sich selbst

Wie ist das bei Ihnen? Neigen Sie zu Selbstvorwürfen? Tendieren Sie dazu, in Stresszeiten Versuchungen nachzugeben und Dinge liegen zu lassen, die Sie sonst angepackt hätten?

Beobachten Sie sich eine gewisse Zeit. Stellen Sie die nämliche Tendenz fest, tut es Ihnen wahrscheinlich gut, künftig gnädiger mit sich selbst zu sein.

Lernen Sie, sich zu verzeihen und gerade dadurch Ihre Ziele besser zu erreichen

1. Machen Sie sich bewusst, dass es weder gesund noch möglich ist, sich per Willenskraft hundertprozentig zu kontrollieren. Es liegt in unserem Wesen, nicht immer das zu tun, was langfristig das Beste ist. Ist etwas unmöglich, gehen Vorwürfe, es nicht zu schaffen, ohnehin ins Leere.

2. Plagen Sie dennoch Schuldgefühle, lassen Sie sie für einen Moment ganz bewusst zu. Gehen Sie dann den nächsten Schritt: Verzeihen Sie sich ganz und gar und aus vollem Herzen! Weil Sie wissen: Hin und wieder zu scheitern ist ganz normal. Das dürfen Sie genauso wie alle anderen. Versuchen Sie, sich danach sogar noch ein bisschen mehr zu mögen als vorher, einfach deshalb, weil Sie sich angestrengt und nun etwas Trost verdient haben.

3. Fällt Ihnen das immer noch schwer, stellen Sie sich vor, ein guter Freund, Ihr Partner, Ihre Partnerin oder eines Ihrer Kinder befände sich in der gleichen Lage. Fragen Sie sich dann: Was würde ich ihnen sagen? Wie würde ich mit ihnen umgehen? Würde ich sie mit Vorwürfen und Schuldzuweisungen überhäufen? Wohl kaum? Dann ist es auch nicht angemessen, dass Sie sich in dieser Situation schlecht und schuldig fühlen.

„Jetzt erst recht" statt „Jetzt eh egal"

Es gibt noch einen Mechanismus, der im Zusammenhang mit Scheitern, Schuld und Scham fatale Folgen hat: der „Was soll's, ist doch jetzt ohnehin egal"-Effekt. Er tritt vor allem ein, wenn wir uns etwas vorgenommen haben, das wir so dann aber, aus welchen Gründen auch immer, nicht durchhalten konnten.

Beispiel:

 Sabine Meister leitete eine Abteilung in einem Industriebetrieb. In einem unserer Seminare berichtete sie, sie habe sich schon seit Längerem vorgenommen, an jedem Tag das Wichtigste zuerst zu machen. Aber immer wieder stellt sie ganz überrascht fest: „Ups, jetzt habe ich doch wieder angefangen, meine Mails zu lesen und zu beantworten! Und meist denke ich mir dann: Ach, egal, wenn es eh nicht geklappt hat, dann mache ich erst einmal alles andere, bevor ich mich um das wichtige Projekt kümmere. Das mache ich später, wenn ich alles vom Tisch habe. Dann habe ich auch den Rücken frei ... Natürlich läuft es dann doch nicht so. So bin ich schon oft abends nach Hause gegangen, ohne dass ich mich überhaupt mit dem wichtigen Projekt befasst habe."

Mit diesen Tipps bekommen Sie Ihren Hang zum „Jetzt-eh-egal"-Effekt in den Griff.

Vom „Jetzt-eh-egal" zum „Jetzt-erst-recht"

1. Weil dieser Effekt durch die Schuld- und Schamgefühle nach einem Scheitern ausgelöst wird, hilft es, sich in der Kunst des Sich-selbst-Verzeihens zu üben.

Vom „Jetzt-eh-egal" zum „Jetzt-erst-recht"

2. Zusätzlich zum Verzeihen ist es ungemein effektvoll zu lernen, die Reaktion auf das Scheitern umzukehren: Immer wenn Sie merken, dass sich der „Jetzt- eh-egal"-Effekt einstellt, probieren Sie stattdessen zu denken: „Stopp! Halt! Nicht mit mir! Ich höre sofort damit auf und tue jetzt erst recht das, was ich eigentlich tun wollte! So!"

3. Stellen Sie sich bei diesen Gedanken ruhig einen Verführungsteufel als Gegenspieler vor. Sagen Sie sich: „Hier will mich doch nur der kleine Verführungsteufel dazu bringen, mehr von dem zu tun, was ich gar nicht will. Das mache ich nicht mit! Ich lass' mich doch nicht so billig austricksen! Einmal verführt reicht." Bei vielen Menschen stärken derartige Bilder die Widerstands- und Willenskraft. Warum? Weil die Vorstellung, von anderen Personen hereingelegt und aufs Glatteis geführt zu werden, sie mächtig ärgern und zum Dagegenhalten animieren kann. Viel mehr jedenfalls als der Gedanke: „Ich bin es ja selbst, der zu viel davon will oder das zu wenig tut."

Falls Sie es mit dem kleinen Verführungsteufel als Gegenspieler probieren: Passen Sie auf und tappen Sie nicht in die Moralfalle! Betrachten Sie die Auseinandersetzung auf keinen Fall als moralischen Streit zwischen Gut und Böse, sondern als sportlichen Wettkampf, bei dem Ihnen jeder Sieg eine diebische Freude bereiten wird.

Übernehmen Sie die Verantwortung

Tatsächlich stellten Forscher fest, dass viele Menschen so lange wie möglich versuchen, jede Schuld von sich zu weisen. Verständlich, wenn sie hinterher darunter leiden. Das Fatale daran: Um nicht in die Nähe ihres Unbehagens zu kommen, vermeiden diese Menschen ein offenes Nachdenken über das, was nicht geklappt hat. So haben sie kaum die Chance, aus der Erfahrung zu lernen. Und sie müssen selbst wohlmeinende Ratschläge und Rückmeldungen ablehnen. Dies würde aus ihrer Sicht ja bedeuten, etwas Unerträgliches gemacht zu haben, nämlich einen Fehler. Somit zeigt sich auch hier wieder: Streng mit sich zu sein, ist kontraproduktiv. Zumal es noch eine weitere negative psychische Wirkung hat: Wer sich mit Schuldzuweisung und Versagensvorwürfen überhäuft, wird ganz bestimmt nicht motiviert und zuversichtlich an die Bewältigung seiner Aufgaben und Ziele herangehen. Woher soll er auch die Zuversicht nehmen, wenn er sich nur als unfähigen Fehlermacher sieht? Selbstkritik führt also über kurz oder lang zu Demotivation und Verantwortungslosigkeit und eben nicht zur willensstarken Selbststeuerung.

Jemand, der nicht in den Kategorien von Schuld und Scham denkt, kann in der Regel viel freier auf das eigene Handeln schauen. Für ihn sind Fehler nichts Furchtbares, und Versagen ist keine Schande. Dementsprechend wird es ihn nicht demotivieren, wenn etwas mal nicht geklappt hat. Er kann auch viel leichter die Verantwortung für sein Handeln übernehmen und damit aus möglichen Fehlern lernen. Gute Gründe also, den Irrweg der harten Selbstkritik und Selbstgeißelung zu verlassen und den hier beschriebenen Pfad auszuprobieren.

Verantwortung übernehmen statt Schuld

1. Versuchen Sie, auch etwas Misslungenes mit Milde zu betrachten. Schauen Sie es sich an und nennen Sie es nicht Fehler, sondern Ergebnis. Wie fühlt sich das an?

2. Und dann sagen Sie sich: „In Ordnung, dieses Ergebnis ist die Folge meines Handelns." Nicht mehr und nicht weniger. Und setzen Sie am besten noch dazu: „Gut. Sogar interessant. Denn wenn dieses unbefriedigende Ergebnis die Folge meines Handelns ist, dann ist es zugleich meine Chance, daraus zu lernen und künftig anders zu handeln." Vielleicht schaffen Sie es sogar obenauf zu setzen: „Prima Sache eigentlich!"

3. Nun wird es Ihnen nicht mehr so schwerfallen, die komplette Verantwortung für das Ergebnis Ihres Handelns zu übernehmen. Tun Sie das durchaus bewusst und spüren Sie dem Unterschied nach: Selbstbewusst die Verantwortung für das eigene Handeln übernehmen oder sich selbstquälerisch mit Schuld beladen – was fühlt sich besser an? Je bewusster Sie diesen Unterschied spüren, desto leichter wird die Entscheidung für den Weg fallen, der Sie wirklich weiterbringt.

Falle 4: Der Traum von der besseren Zukunft

Klar, positiv in die Zukunft zu blicken, zuversichtlich zu sein, zu erwarten, dass man seine Ziele erreicht, all das sind hilfreiche Einstellungen. Sie steigern die Wahrscheinlichkeit, tatsächlich erfolgreich zu sein. Es sind motivierende Voraussetzungen, um sich auf den Weg zu machen und Dinge anzupacken. Allerdings bergen sie auch eine Gefahr. Sie hat damit zu tun, wie wir in diesen optimistischen Momenten die Zukunft sehen. Besser gesagt, wie wir die Zukunft und die Vorstellung darüber geistig verarbeiten. Psychologen haben entdeckt, dass Menschen die Zukunft weniger als Verlängerung der Gegenwart betrachten, denn als einen gänzlich unterschiedlichen Daseinszustand. Man kann dies mit sog. bildgebenden Verfahren sogar im Gehirn erkennen.

Unser Zukunfts-Ich ist uns fremd

Erwarten würde man, dass immer dieselbe Gehirnregion aktiv ist, wenn der Mensch an sich selbst denkt. Das ist nicht der Fall. Es werden jeweils gänzlich andere Gehirnregionen aktiviert, wenn wir uns in der Gegenwart und in der Zukunft sehen. Das Verblüffende: Denken wir an uns selbst in der Zukunft, ist dieselbe Gehirnregion gefordert, die auch beim Denken an einen fremden Menschen aktiv wird. Es scheint, als würden wir unser Gegenwarts-Ich und unser Zukunfts-Ich als zwei unterschiedliche Personen betrachten. Tatsächlich tun wir das auch, wie Studien belegen. Bei den Untersuchungen trat ein Muster zum Vorschein: Wir haben die Tendenz, unserem zukünftigen Ich viel mehr zuzutrauen als dem gegenwärtigen.

Beispiel:

Die Mehrzahl der Teilnehmer an den Studien war davon überzeugt, sich in der Zukunft gesünder zu ernähren, sich öfter zu bewegen, mehr Arbeit anzupacken, anspruchsvolleren Tätigkeiten nachzugehen, mehr Zeit zu haben für … Die meisten waren sich

> sicher, dass sie in der Zukunft Besseres tun würden als in der
> Gegenwart. Bei den wenigsten trat dieser Fall aber ein. Üblich
> war, dass alle sich in der Zukunft verhielten wie in der Gegenwart.

Und so tappen wir regelmäßig in die Zukunftsoptimismus-Falle. Dabei wirkt sich das enge Zusammenspiel zwischen Vorstellungskraft und Gefühlen aus: Wie die bloße Vorstellung eines künftigen Strandurlaubs uns bereits die Sonne auf der Haut spüren lässt, so beglückt uns schon jetzt die Vorstellung, künftig all die klugen, vorausschauenden Willenskraft-Entscheidungen treffen zu können, die uns heute noch nicht so recht gelingen wollen.

Haken Nr. 1

Genügt allein schon der Vorsatz, um mich heute bereits wegen meiner zukünftigen Taten gut zu fühlen, muss ich den anstrengenden Weg dahin ja nicht sofort anpacken ... und morgen auch noch nicht ... Klar, dass letztlich nichts passiert.

> Zukunftsoptimismus stärkt unser Bequemlichkeitssystem mit den wirkungsvollsten Argumenten, die es gibt: Wohligkeitsgefühle. Allerdings schwächt er die Position unseres Willens. Angesichts dieser Kräfteverteilung hat der Wille wenige Chancen, sich im Hier und Jetzt durchzusetzen, um das Leben langfristig zu verbessern.

Haken Nr. 2

Diese Denk-, Fühl- und Handlungsweise lässt sich prima Woche für Woche und Monat für Monat wiederholen. Eben immer dann, wenn wieder eine dieser anstrengenden Willenskraft-Entscheidungen ansteht. Zum Glück gibt es Auswege aus diesem Muster.

Lassen Sie Ihre Zukunft heute beginnen

1   Immer, wenn Sie daran denken, was Sie in der Zukunft tun und was Sie lassen werden, fragen Sie sich am besten ganz aufrichtig: Stelle ich mir vor, dass ich dann mehr Zeit habe, alles erledige, was ich schon immer erledigen wollte, klüger handele, gesünder lebe und all das andere, was ich mir von mir selbst wünsche?

2   Beantworten Sie diese Frage mit Ja, seien Sie so ehrlich wie möglich und machen sich klar: In dieser Zukunft wird nichts, aber auch gar nichts anders sein als heute. Denn Sie werden dann immer noch derselbe Mensch sein, dieselben Entscheidungen treffen, das Gleiche tun und genauso wenig Zeit haben wie jetzt. Versuchen Sie, dies ohne Einschränkung zu akzeptieren und seien Sie am besten sogar noch ein wenig traurig darüber.

3   Haben Sie das geschafft, haben Ihre Willenskraft und damit Ihre Zukunft deutlich größere Chancen. Denn Ihre Willenskraft kann jetzt auf den Plan treten und kraftvoll verkünden: Ich kann eine bessere Zukunft schaffen. Du brauchst nicht traurig zu sein. Du brauchst nur eines zu tun: *Jetzt* damit zu beginnen, was du dir für deine Zukunft wünschst.

4   Merken Sie dann irgendwann, dass Sie sich die Zukunft wieder allzu optimistisch ausmalen, stellen Sie sich vor, dass der kleine Verführungsteufel wieder zugeschlagen hat. Ganz perfide will er Sie davon abbringen, tatsächlich etwas in Ihrem Leben zu verändern. Das ärgert Sie dann vielleicht so sehr, dass diese Ärger-Energie Ihre Willens-

kraft-Batterie auflädt. Zeigen Sie es dem kleinen Verführungsteufel, indem Sie jetzt, hier und sofort ganz kraftvoll und entschieden das tun, was Sie wirklich weiterbringt.

Auf einen Blick: Fallen erkennen und vermeiden

- Der Appell an die eigene Vernunft bringt nichts, wenn man langfristig etwas Sinnvolles erreichen will. Nicht Vernunft, sondern Gefühl bringt uns ins Handeln.

- Wer sich selbst reguliert, nur weil es moralisch richtig ist, läuft Gefahr, seine Willenskraft-Entscheidungen als äußerlich erzwungene Opferhandlungen zu empfinden. Dann sucht er unbewusst Wege, um die Opfer zu umgehen. Es ist besser, Willenskraft-Entscheidungen aus dem Wissen und Gefühl heraus zu treffen, dass sie einen näher ans Ziel bringen.

- Strenge und Selbstkritik lösen Schuldgefühle aus. Sie machen ängstlich, demotivieren und schwächen den Willen. Besser ist es, gnädig mit sich zu sein. Gnade baut auf, erhöht die Bereitschaft, Verantwortung zu übernehmen und stärkt das Willenskraft-System.

- Die meisten Menschen hängen dem optimistischen Irrglauben an, sie würden in der Zukunft gesünder leben, mehr Zeit haben und klüger handeln. Das mindert den Wunsch, sofort etwas zu verändern. Es ist besser, sich ehrlich einzugestehen, dass man in der Zukunft nicht anders leben wird, sofern man nicht umgehend anfängt, etwas zu verändern.

Willenskraft schonen und ausbauen

Willensstärke ist eine psychische Energie, die wie ein Muskel funktioniert. Sie folgt bestimmten, inzwischen wissenschaftlich belegten Mechanismen. Berücksichtigen Sie diese Grundsätze, können Sie das vermeiden, was Ihre Willenskraft schwächt, und das tun, was sie stärkt.

In diesem Kapitel erfahren Sie u. a.,

- wie Sie Ihre kostbaren Willenskraft-Ressourcen schonen,
- welches Trainingsprogramm Sie willensstärker werden lässt,
- welche Gedanken zusätzliche Willensenergien in Ihnen freisetzen,
- warum es sich lohnt, die wirklich motivierenden Ziele im Leben zu finden.

Ruhe, Kraft und Klarheit

Ruhe, Kraft und Klarheit – es ist eine schöne Vorstellung, all das zu haben, nicht wahr? Und es fühlt sich nicht nur gut an, voll innerer Ruhe, Kraft und Klarheit durch das Leben zu gehen – es bildet auch die aussichtsreiche Grundlage für eine großartige Willensstärke.

Sie wissen, dass Willensstärke wie ein Muskel funktioniert. Sie lässt nach, je mehr wir sie einsetzen. Dabei ist es egal, wofür. Gleich, ob es darum geht, Kenntnisse in Betriebswirtschaft zu vertiefen, oder darum, die Wäsche heute oder morgen zu waschen. Jede Entscheidung schöpft immer etwas an Willenskraft ab. Je mehr wir entscheiden müssen, desto mehr werden wir also in Sachen Willenskraft ermüden. Da wir diese Kraft immer bei der Entscheidung gegen spontane Impulse und kurzfristige Befriedigungsversprechen nutzen, ist klar: Je häufiger wir damit konfrontiert sind, desto häufiger müssen wir sie per Willenskraft abwehren. Anders formuliert: Je weniger wir uns Verlockungen und oberflächlichen Glücksversprechungen aussetzen, desto mehr Willensenergie sparen wir und desto länger bleibt unser Wille stark. Das widerspricht aber leider vollkommen der modernen Wirtschafts- und Lebensweise und stellt uns deshalb vor eine immense Anzahl täglicher Willenskraft-Herausforderungen.

Die Verführungsindustrie

Was schätzen Sie: Wie vielen Werbebotschaften sind Menschen, die in der modernen Industriegesellschaft leben, tagtäglich ausgesetzt? 200, 300, 400 ...? Die Schätzungen vieler Experten reichen von 2.500 bis weit über 10.000.

Unabhängig davon, was konkret unter diese Schätzungen fällt: Ein kurzes Besinnen genügt, um zu erkennen, welche Masse an Aufforderungen zum Kaufen und Konsumieren täglich auf uns eindringt. Wir können uns kaum dagegen wehren, denn das bedürfnisorientierte Kleinhirn nimmt alles dies als Reiz zum Essen, Trinken, Beutemachen wahr ... Der schier endlose Strom an Kauf-Mich-, Probier-Mich-, Genieß-Mich-Aufforderungen zapft über den Tag hinweg Ihre Willensenergie ab. Daran arbeitet ein Heer von Menschen mit einem ganzen Arsenal raffinierter Verführungstechniken und Tricks. Von der mit extra-hoher Lautstärke versendeten Werbebotschaft, die Sie vielleicht schon im Halbschlaf per Radiowecker erreicht, über die Anzeige in der Morgenzeitung, die ästhetisch gestylten Verpackungen im Supermarkt, den lockenden Duftstoffen im Kaufhaus bis hin zu den lachenden, glücklichen Menschen in Werbefilmen, die Sie herzlich einladen dies oder jenes zu tun, damit es Ihnen ebenso gut geht. Schwer, dem zu widerstehen, und schwer, sich dem zu entziehen. Die wenigsten Menschen können und wollen das überhaupt. Wie sagte kürzlich eine Seminarteilnehmerin? „Ich gehe jetzt zu IKEA und lasse mich mal inspirieren, was ich so alles brauche ..."

So schonen Sie Ihre Willenskraft–Ressourcen

Wie steht es mit Ihnen? Falls Sie Lust haben, Ihre begrenzte Willenskraft ein wenig zu schonen, hier ein paar Tipps gegen die alltäglichen Willensenergie-Fresser:

- Genießen Sie morgens die Ruhe, anstatt sich schon früh von aufgeregten Menschen im Radio Werbebotschaften zurufen zu lassen. Man lernt es schnell zu schätzen.

- Vermeiden Sie tagsüber eine ständige Hintergrundbeschallung. Auch wenn Sie sie nicht mehr bewusst wahrnehmen, hat das Gehirn gehörig damit zu tun, alle Töne zu verarbeiten und zu prüfen: wichtig oder unwichtig? Sollen sie ins Bewusstsein vordringen oder als unwichtig verworfen werden? Eine Kette unbewusster, aber kräftezehrender Willensentscheidungen ...

- Schalten Sie ruhig auch mal die Benachrichtigungstöne ab, die Sie sofort über neue Mails, SMS und dergleichen auf dem Mobiltelefon unterrichten. Alles kleine Willensenergie-Diebe, da Sie jedes Mal entscheiden müssen: Schaue ich schnell nach oder konzentriere ich mich weiter auf meine Arbeit? Und wenn Sie mal „schnell" nachschauen, geht die Entscheiderei ja noch weiter: Schicke ich gleich eine Antwort oder später? Muss ich eine Erinnerungsnotiz machen? Wohin schreibe ich die?

- Prüfen Sie, was Sie lesen. Gibt es sehr viel, das um Ihre Aufmerksamkeit (und Ihren Geldbeutel) buhlt, worauf Sie aber verzichten können? Fragen Sie sich, bevor Sie z. B. die ganzen Newsletter und Werbe-Mails lesen: Brauche ich gerade etwas Bestimmtes? Wenn nicht, löschen Sie die Botschaft ungesehen. Sie werden Zeit gewinnen, müssen keine Entscheidung treffen und sparen sogar noch Geld!

- Und was ist mit den vielen Werbebriefen? Auch hier hilft die schlichte Frage: Brauche ich gerade etwas? Falls nein, machen Sie es wie mit der E-Post: Lassen Sie sie ungelesen im Papierkorb verschwinden.

Sicher finden Sie selbst noch Einiges, das an Ihrer Willenskraft zehrt und das Sie leicht aus dem Leben verbannen können. Sie können sogar einen regelrechten Sport daraus machen und sich immer wieder darüber freuen, etwas entdeckt zu haben, von dem Sie sich befreien konnten.

Schluss mit dem Zwangsdopamin

Zwangsdopamin klingt gefährlich. Und es ist auch gefährlich, fühlt sich leider aber richtig gut an. Zunächst jedenfalls. Dopamin ist ein Botenstoff, den das menschliche Nervensystem ausschüttet.

Dopamin gilt als Glückshormon und ist verbunden mit Gedanken wie: „Das will ich unbedingt haben. Das brauche ich. Besitze ich das, dann wird es sich gut anfühlen ..." Man will, man begehrt, man verlangt. Diese Gefühle beruhen auf einem gefühlten Versprechen von Glück und Wohlbefinden. Verliebte schweben meist auf Wolke sieben, weil sie einen extrem hohen Dopamin-Spiegel aufweisen.

Schüttet das Gehirn Dopamin aus, beginnen wir, einem Belohnungsversprechen hinterher zu jagen. Je mehr Dopamin, desto wilder die Jagd. Was aber bringt das Gehirn dazu, Dopamin auszuschütten? Die Antwort ist kurz: alles, was dem Gehirn ein mögliches Wohlgefühl vorspiegelt. Was aber erzeugt Wohlgefühl? Diese Antwort fällt leider ziemlich lang aus. Die Spanne reicht vom Duft frisch gebackener Waffeln auf dem Weihnachtsmarkt über das Schild mit der Aufschrift „50 % Rabatt" hin zum Klassenlotterie-Bild der glücklichen Familie im neuen Eigenheim und geht noch weit darüber hinaus.

Im Kern haben all diese Dopaminschub-Auslöser eines gemeinsam: Das Gehirn hält sie für überlebenswichtig. Natürlich nicht unser rational analysierendes Gehirn, sondern unser „primitives", auf das Überleben in feindlicher Umgebung spezialisiertes emotionales System. Erfährt es von süßen und fetten Speisen, lautet die erste Entscheidung: „Alles sofort verschlingen!" Daraufhin wird Dopamin ausgeschüttet, was sich als Heißhunger, Begehren und Verlangen spüren lässt. Dieses Verlangen richtet sich aber nicht nur auf die elementarsten Grundbedürfnisse, sondern auch auf deren Luxusvarianten. In unserer Überflussgesellschaft sogar hauptsächlich auf Luxusvarianten. Denn unser Belohnungsschema ist Teil des alten Überlebenssystems und funktioniert nach dem Prinzip: „Raste und ruhe nicht, sondern sichere dein Leben auf einem immer höheren Niveau ab."

Beispiel:

 Wohne ich in einer Höhle, lässt mich dieses System als Nächstes eine Hütte begehren, nach der Hütte ein Haus, nach dem Haus eine Villa, nach der Villa vielleicht ein Schloss.

Dieses Prinzip lässt sich auf alle Lebensbereiche übertragen. Gemeiner Weise zielt es überhaupt nicht darauf ab, dass es uns langfristig besser geht. Es will uns nur auf Trab halten, damit wir möglichst gut vor dem nächsten Unwetter geschützt sind, bei der nächsten Dürre genügend Vorräte haben oder einen möglichst hohen Platz in der Sippen-Hierarchie einnehmen, weil wir dann die leckersten und nahrhaftesten Beutestücke bekommen ...

In der grauen Vorzeit sorgte dieses nie ruhende Antriebssystem dafür, dass unsere Vorfahren tatsächlich alle Gefahren überlebten. Es wäre nicht nur überflüssig, sondern sogar lebensgefährlich gewesen, hätte es sich bereits nach *einem* Mammutfleisch-Schmaus und einer geruhsamen Nacht in der warmen Höhle für längere Zeit abgeschaltet. Stattdessen lief es fort und fort und trieb so die Entwicklung der menschlichen Kultur voran. Es beschert uns heute, zumindest in den reichen Ländern, ein vergleichsweise sicheres und risikofreies Leben. Heute noch treibt es uns immer weiter und weiter, auch wenn unser Leben schon ziemlich abgesichert ist.

Das Antriebssystem läuft und läuft und läuft. Inzwischen sogar auf extrem hohen Touren, denn es ist ja immer mehr Reizen ausgesetzt, die es anspringen lassen. Viele Menschen spüren das als ständiges Getriebensein. Sie fühlen sich trotz der Fülle an glückverheißenden Möglichkeiten letztlich doch unglücklich und unzufrieden. Dafür gibt es eine physiologische Erklärung: Sobald das Gehirn Dopamin ausschüttet, sind wir erregt und erwarten, dass wir glücklich sind, wenn wir nur etwas Bestimmtes bekommen oder tun. Diese Erwartung treibt mit Macht zum Handeln, manchmal sogar recht unkontrolliert und risikofreudig. Wir können gar nicht anders, als dem Glück hinterherzulaufen. Selbst wenn wir das Glück am versprochenen Ort nicht finden, suchen wir weiter – mit fatalen Konsequenzen.

Beispiel:

Robert Heath, Begründer der Abteilung für Psychiatrie und Neurologie an der Tulane Universität von New Orleans, unternahm ein berühmt gewordenes Experiment. Er pflanzte Versuchspersonen Elektronen ins Gehirn. Dann gab er ihnen die Möglichkeit, per Knopfdruck einen Hirnbereich zu stimulieren, von dem er glaubte, dass es sich um das Lustzentrum handelte. Wie sich später herausstellte, war es nicht das Lustzentrum, sondern das Belohnungssystem. Wie reagierten Versuchspersonen, die dieses System aktivieren konnten? Sie stimulierten und stimulierten und stimulierten ... Manche gaben sich bis zu 40 Stromstöße pro Minute und wollten auch nicht aufhören, um zu essen, obwohl sie nach eigenen Angaben hungrig waren. Eine ziemlich erschreckende Reaktion. Verblüffender Weise erfuhren die Versuchspersonen dabei überhaupt keine Befriedigung. Einige beschrieben es sogar als sehr frustrierend, sich zu stimulieren. Aber gerade deswegen drückten sie weiter, von dem zwingenden Gefühl erfüllt: Gleich wird es angenehm und befriedigend ...

Es gab ähnliche Stimulationsversuche mit Ratten, die über heiße Gitter liefen, nicht mehr fraßen und am Ende sogar vor Erschöpfung und Hunger starben. So unvernünftig sind wir Menschen zum Glück nicht. Aber vielleicht sind wir in bestimmten Momenten unfähig, uns gegen die Macht dieses Belohnungsmechanismus zu wehren.

Beispiel:

> Sind Sie noch nie von einem Laden in den nächsten gelaufen, immer in der Erwartung, das noch bessere, schönere, noch glücklicher machende Produkt zu finden … nur um sich am Ende erschöpft, leer und unbefriedigt zu fühlen?
>
> Ähnliches passiert beim Surfen im Internet: Da gibt es immer noch eine Seite und noch eine und noch eine… Wie unter Zwang klicken wir weiter, nur, um auch hier am Ende kein Glück und keine echte Befriedigung zu finden.

Leider ist unsere Überflussgesellschaft so voller Glücksversprechungen, dass wir vor lauter dopamin-getriebenem Glücksuchen nicht mehr dazu kommen, Glück und Befriedigung überhaupt zu erleben. Es sei denn, wir lassen uns nicht mehr unfreiwillig dopaminisieren. Dabei kann uns die Willenskraft helfen. Freilich nur, wenn noch genügend davon vorhanden ist.

Den ersten Schritt, unnötigen Willenskraftverbrauch zu verhindern, haben wir bereits auf den vorangegangenen Seiten erklärt. Es gibt aber noch eine weitere Möglichkeit, sich der Dopaminisierung und überflüssigen Willenskraftbelastungen zu entziehen:

1 Beobachten Sie sich genau und führen Sie nicht nur gedanklich, sondern am besten schriftlich Buch: Was löst bei mir einen Dopaminschub aus? Worauf reagiere ich? Was setzt mich so unter Handlungsdruck, dass ich das Gefühl habe, etwas Bestimmtes unbedingt haben oder tun zu müssen?

2   Prüfen Sie ganz genau, was passiert, wenn Sie das bekommen oder getan haben, was Sie unbedingt haben oder tun mussten. Fragen Sie sich: Tut mir das wirklich gut? Befriedigt es mich wirklich? Fühle ich mich dadurch glücklicher? Und ganz wichtig: Werde ich auch langfristig damit zufrieden sein?

Wenn Sie diese Fragen mit Ja beantworten, spricht nichts dagegen, sich die entsprechenden Dopamin-Auslöser zu gönnen, egal, ob es sich um Eintrittskarten für die Bayreuther Festspiele, den All-inclusive-Urlaub in der Karibik oder den Werkzeugsatz aus der Werbeaktion Ihres Lieblings-Baumarktes handelt.

Merken Sie aber, dass das eine oder andere Glücksversprechen in Wirklichkeit eine Niete war, haben Sie unnötige und die Willenskraft belastende Verführungen entlarvt, die Sie künftig bewusst meiden können. Lernen Sie von den erfolgreichen Kindern im Marshmallow-Experiment (siehe hierzu das Kapitel „Mehr Willensstärke für ein besseres Leben"): Fast alle setzten auf die Strategie, die verführerische Süßigkeit nicht anzusehen. Dadurch schonten sie ihre Willenskraft und hatten genügend Energie, ihr Ziel zu erreichen, nämlich, das Marshmallow nicht zu essen.

Machen Sie es ebenso: Meiden Sie nicht nur die offensichtlichen Verführungen, sondern entlarven Sie auch die leeren Glücksversprechungen und gehen Sie diesen konsequent aus dem Weg. Freuen Sie sich darüber. Dadurch haben Sie nicht nur dem kleinen Verführungsteufel wieder ein Schnippchen geschlagen, sondern Ihr Leben um ein Stück Ruhe, Kraft und innere Klarheit bereichert.

Reduzieren Sie Ihre Stressoren

Ein weiterer wichtiger Schritt zur Schonung Ihrer Willens-stärke ist es, Ihre Stressoren zu reduzieren. Stressoren sind Reize, die Stress verursachen: Termindruck bei der Arbeit, Lärm in der Nachbarwohnung, Verspätung der S-Bahn, Minus auf dem Konto, der ewig quengelnde Nachbar – die Liste scheint endlos.

„Alles schön und gut", werden Sie vielleicht sagen, „meine Stressoren reduzieren, klingt natürlich prima, aber was, bitte-schön, hat das mit meiner Willensstärke zu tun?" Die Ant-wort lautet: Stress ist nicht nur stressig, sondern schwächt auch vehement den Willen. Das hat damit zu tun, dass Stress eine Reaktion auf unmittelbare Gefahr ist. Die Atmung geht schneller, das Herz legt einen Takt zu, Adrenalin wird aus-geschüttet: Der Organismus ist komplett auf Kampf oder Flucht eingestellt.

Eine andere Fähigkeit wird in dieser Lage dagegen ziemlich lahmgelegt: mit ruhigem Puls und klarem Kopf nachzudenken und trotz verführerischer Verlockungen eine langfristig sinn-volle Entscheidung zu treffen, also mit starkem Willen zu handeln.

Die unangenehmen Folgen: Je größer Ihr Stress ist, desto höher ist die Wahrscheinlichkeit, jemanden anzuschreien, ob-wohl Sie ruhig bleiben wollen; etwas Süßes zu essen, obwohl Sie darauf verzichten möchten, oder sich vor einer unange-nehmen, aber wichtigen Aufgabe zu drücken.

In Stresssituationen wächst unser Bedürfnis, sich möglichst schnell wieder wohlzufühlen. Damit sind wir wieder offen für alle Dopamin-Auslöser um uns herum, die Glück und Befriedigung versprechen – und damit unseren Willen aufs Heftigste beanspruchen.

Verringern Sie also Ihren Stress, um Ihren Willen zu stärken! Damit erhöht sich die Chance, Ihr Ziel zu erreichen, was sich sogar physiologisch messen lässt.

Verlangsamen Sie Ihre Atmung

Wissenschaftler stellten in einer Reihe von Studien und Experimenten fest, dass Menschen, die es schaffen, weitgehend ruhig zu atmen und einen normalen Pulsschlag zu bewahren, ihr Willensziel mit höherer Wahrscheinlichkeit erreichen als Menschen, die hoch gestresst mit schnellem Atem und jagendem Puls unterwegs sind.

Dabei hilft eine ebenso einfache wie wirkungsvolle Technik. Sie funktioniert, weil es eine Wechselwirkung gibt zwischen Ihren Gefühlen und Ihren Körperreaktionen. Beispielsweise beginnen Sie bei Stress schneller zu atmen. Sie können sich absichtlich in Stress versetzen, indem Sie bewusst flach und schnell atmen. Schon nach kurzer Zeit werden Sie sich beklemmt und gestresst fühlen.

Diese Wirkung können Sie auch umgekehrt nutzen: Fangen Sie an, bewusst langsamer zu atmen, wenn der Stress in Ihnen aufsteigen will. Langsames Atmen führt Sie aus Stresszuständen heraus und fördert dadurch die Fähigkeit, sich selbst zu steuern und Ihren Willen effizient einzusetzen.

Diese Technik ist so einfach wie wirkungsvoll. Nicht von ungefähr wird sie deshalb erfolgreich in der Therapie von Depressionen, der Bewältigung von Suchterkrankungen und bei der Begleitung von Menschen eingesetzt, die in stressreichen Berufen arbeiten.

Stärken Sie Ihren Willen durch ruhigeres Atmen

1. Achten Sie zunächst darauf, wie viele Atemzüge Sie im „Normalzustand" pro Minute machen.

2. Atmen Sie bewusst etwas tiefer ein als sonst, ohne sich anzustrengen oder die Lungen mit Luft vollzupumpen. Atmen Sie einfach nur ein wenig tiefer als gewohnt.

3. Lassen Sie den Atem bewusst langsam ausströmen. Dabei lösen sich zugleich mögliche Spannungen im Körper.

4. Wiederholen Sie das etwas tiefere Ein- und bewusst langsamere Ausatmen.

5. Finden Sie den passenden Rhythmus und bleiben Sie einige Minuten bei dieser Atmung.

Machen Sie diese Übung immer dann, wenn Sie das Gefühl haben, dass sie Ihnen guttun könnte. Sie werden bereits nach kurzer Zeit bemerken, dass Sie auch im „Normalzustand" weniger Atemzüge machen. Es ist sehr hilfreich, die Atemübung zu einem regelrechten Programm auszugestalten, indem Sie z. B. täglich 10 Minuten auf diese Weise atmen. Dank dieser Technik werden Sie schon bald weniger anfällig gegen Stress sein, können in akuten Stresssituationen schneller „runterkommen" und haben insgesamt mehr Energie für Ihre

Willenskraft-Entscheidungen in Reserve. Falls Sie die genauen wissenschaftlichen Hintergründe zu dieser Übung erfahren möchten, geben Sie im Internet den Suchbegriff „Herzfrequenzvariabilität" ein.

Sinnvolle und kontraproduktive Anti-Stress-Strategien

Außer der Atemverlangsamung gibt es natürlich noch weitere Wege und Möglichkeiten, um Stress zu verringern. Was davon für Sie passt, hängt zu sehr von Ihren Lebensumständen, Ihrer Lebensweise und Ihrer Persönlichkeitsstruktur ab, als dass dieser TaschenGuide hier individuelle Vorschläge unterbreiten könnte. Vermeiden Sie aber auf jeden Fall die kontraproduktiven, vermeintlichen Anti-Stress-Strategien wie Essen, Trinken, Flucht ins Internet, Rauchen, langes Fernsehen und Ähnliches. Nutzen Sie stattdessen die unspektakuläreren, aber deutlich wirkungsvolleren Strategien: Sport und Bewegung, Zeit mit angenehmen Menschen verbringen, bewusst Musik hören, Lesen, Massagen oder einschlägige Entspannungstechniken wie Yoga, Meditation oder progressive Muskelentspannung.

Dämmen Sie die tägliche Flut schlechter Nachrichten ein

Einige Stressoren sind so alltäglich geworden, dass wir sie nicht mehr bewusst als solche wahrnehmen. Dazu gehört die Flut schlechter Nachrichten, die täglich via Fernsehen, Radio, Zeitungen und Internet über uns hereinbricht. Nach Schätzungen sprechen die typischen Abendnachrichten etwa alle

29 Sekunden die Themen Tod und Sterben an. Also genau jene Themen, die uns die meiste Angst verursachen, weil all dieses Leid an die eigene Sterblichkeit erinnert.

Da uns die Welt so erscheint wie unsere Wahrnehmung von ihr, ist es kein Wunder, dass viele Menschen sich von Serienmördern, brutalen Schlägern, bösartigen Viren, verseuchtem Essen, furchtbaren Wetterkatastrophen und sonstigem Schlechtem mehr bedroht fühlen, als sie es tatsächlich sind. All das löst Stressreaktionen im Körper aus. Was sich vielleicht nur als Unbehagen spüren lässt, läuft unbewusst möglicherweise schon als Angstreaktion ab. Und schon sind wir im Stressmodus, in dem es uns nach Gemütlichkeit, Behaglichkeit, Genuss usw. gelüstet – also nach jenen Dingen, die wir per Willenskraft abwehren müssen.

Unser Tipp zur Schonung der Ressource Willenskraft: Meiden Sie eine Weile gezielt alles in den Medien, was von Angst, Schauder und Sensation lebt.

- Beschränken Sie sich auf einmal Nachrichten pro Tag.
- Lesen Sie keine Zeitungsartikel über schreckliche Ereignisse wie Mord, Unfälle, Krankenschicksale.
- Lassen Sie Reality- und Talkshows ohne Sie stattfinden.
- Üben Sie sich in Medienabstinenz – tage- oder zum Einstieg vielleicht auch nur stundenweise. Prüfen Sie danach, wie es Ihnen geht. Fehlt Ihnen wirklich etwas? Ist Ihr Leben jetzt ärmer geworden? Oder sind furchtbare Dinge passiert, von denen Sie nichts wussten? Hätte irgendeine Nachricht, die Sie verpassten, irgendetwas an Ihrem Leben geändert?

- Bleiben Sie bei der Medien-Diät und sorgen Sie dafür, dass aus der täglichen Flut schlechter Nachrichten ein erträgliches Rinnsal wird. So nimmt Ihre unterschwellige Stressbelastung ab und Ihre Ressource Willenskraft bleibt nachhaltig geschont.

Trainingseinheiten für Ihre Willenskraft

Wie wir festgestellt haben, funktioniert Willenskraft wie ein Muskel. Das bedeutet unter anderem, dass Sie Ihre Willenskraft nach dem gleichen Prinzip trainieren können wie Ihre Muskelkraft. Dieses Prinzip lautet: die Kraft systematisch und in der richtigen Dosis gebrauchen. Wenn Sie sie zu selten verwenden, verkümmert sie. Wenn Sie sie zu intensiv einsetzen, versiegt sie. Die richtige Dosis heißt: Sie wählen eine Übung, die Sie anstrengt, aber nicht auslaugt, und wiederholen diese Übung so lange, bis Sie sie locker absolvieren. Dann ist Ihre Kraft größer geworden.

Das spüren Sie nicht nur äußerlich, das ist sogar im Gehirn nachweisbar – bei trainierten Muskeln ebenso wie bei einem trainierten Willen.

Das Fitnessprogramm

Früher gingen Wissenschaftler davon aus, dass sich das entwickelte Gehirn nicht mehr verändert. Heute weiß man, dass diese These nicht stimmt, dass sogar das Gegenteil zutrifft.

Sobald ein bestimmtes Areal im Gehirn regelmäßig stark gefordert ist, entstehen dort zusätzliche Nervenzellen und zwischen ihnen Verschaltungen. Die Gehirnmasse wird an dieser
Stelle dichter, im Prinzip wie ein Muskel, der durch Übung an
Masse und Kraft gewinnt.

Beispiel:

Jugendliche, die viel auf dem Smartphone schreiben, haben im
Hirnbereich, der für die Steuerung der Daumen zuständig ist,
mehr graue Masse als Erwachsene, die das nicht tun.

Memory-Spieler entwickeln umso mehr Verbindungen zwischen
den Hirnarealen für Aufmerksamkeit und Merkfähigkeit, je öfter
und intensiver sie Memory spielen.

Genauso verhält es sich im präfrontalen Cortex, dem für
Willenskraft-Entscheidungen zuständigen Hirnbereich. Menschen, die verstärkt Willensentscheidungen treffen, also ihre
Gedanken und Gefühle zur Steuerung des Handelns regulieren, entwickeln im präfrontalen Cortex mehr graue Hirnsubstanz.

Beispiel:

Das erklärt, warum viele bekannte Leistungssportler auch beruflich erfolgreich sind. Um ihre sportlichen Ziele zu erreichen,
mussten sie sich disziplinieren und anstrengen. Das stärkte nicht
nur ihre körperlichen Fähigkeiten, sondern auch ihre Willenskraft.
Damit taten sie sich auch im Beruf leichter, das für den Erfolg
Wichtige anzupacken.

Was können Sie tun, um Ihr Willenskraft-Areal an Masse und
Stärke wachsen zu lassen? Die Antwort: Absolvieren Sie ein
Willensstärke-Trainingsprogramm, in dem Sie über einen be-

stimmten Zeitraum hinweg systematisch kleine Willensentscheidungen treffen.

Kleines Fitnessprogramm für Ihre Willensstärke

1. Wählen Sie eine einfache Verhaltensweise, die Sie sich
   an- oder abgewöhnen möchten, z. B. immer 5 Minuten
   vor einem Termin vor Ort sein, beim Arbeiten keine Hin-
   tergrundmusik mehr hören, täglich ein zehnminütiges
   Gymnastikprogramm absolvieren, immer aufrecht und
   nicht gekrümmt stehen, bewusst langsamer atmen ...

2. Achten Sie darauf, dass Sie dieses Ziel zwar fordert, aber
   nicht übermäßig belastet.

3. Nehmen Sie sich nur ein einziges Ziel vor und konzentrieren Sie sich darauf, immer und immer wieder konsequent die gewünschte Verhaltensweise zu zeigen.

4. Machen Sie das Training so lange, wie Sie es interessant
   und herausfordernd finden.

5. Fordert Sie das Training nicht mehr, weil Sie etwa Ihr
   Trainingsziel erreicht haben, suchen Sie ein neues Ver-
   haltensziel.

Dieses Programm wirkt auf die Willenskraft wie ein Hantel-
training auf die Muskeln. Je öfter Sie die Sache anpacken,
desto stärker wird Ihre (Willens-)Kraft.

Wie Sie Ihre Willenskraft durch „Nichtstun" stärken können

Sie können Ihre Willenskraft auch stärken, indem Sie nichts tun. Sie fragen sich jetzt sicher: Steht das nicht in Widerspruch zu den Aussagen des vorherigen Abschnitts? Jein, antworten wir darauf. Denn tatsächlich geht es hier nicht um ein wirkliches Nichtstun, sondern nur um ein scheinbares, und zwar die Meditation. Meditieren stärkt Ihre Willenskraft ungemein.

Meditation spielt zwar in vielen Religionen und modernen spirituellen Vorstellungen eine große Rolle, lässt sich aber ebenso frei von religiösen oder spirituellen Anschauungen betreiben wie Rasenmähen oder Fensterputzen. Beim Meditieren geht es darum, den Geist zur Ruhe zu bringen. Meist funktioniert das über körperliche Entspannung und das Lenken der Gedanken auf einfache Empfindungen und Wahrnehmungen im Hier und Jetzt, indem Sie sich z. B. auf Ihre Atmung konzentrieren.

Die Wirkungen des Meditierens sind enorm. Forscher entdeckten: Menschen, die noch nie zuvor meditiert hatten,

- konnten sich schon nach kurzer Meditationspraxis besser konzentrieren,
- ließen sich weniger ablenken,
- konnten ihre Gefühle besser kontrollieren,
- nahmen ihr Handeln bewusster wahr und
- konnten ihr Verhalten entschiedener lenken.

Neurologen haben sogar festgestellt, dass sich bei regelmäßig meditierenden Menschen die graue Hirnsubstanz im präfrontalen Cortex verdichtet. Unwissenschaftlich ausgedrückt heißt das: Ihr Willensmuskel wird stärker.

Es gibt unendlich viele Wege zu meditieren. Die folgende Vorgehensweise führt vor allem Anfänger schnell zu spürbaren Ergebnissen.

Zum Ausprobieren: Die 5-Minuten-Bodyscan-Meditation

1. Legen Sie sich auf den Rücken – möglichst flach, aber trotzdem bequem. Falls nötig, nehmen Sie eine Decke als Unterlage.

2. Schließen Sie die Augen, atmen Sie ruhig und entspannt ein und langsam wieder aus. Finden Sie nach und nach den Ihnen angenehmen Atemrhythmus.

3. Lassen Sie alle Gedanken los und konzentrieren Sie sich nur auf das Atmen.

4. Beginnen Sie dann, Ihren Körper zu scannen: Richten Sie zunächst die Aufmerksamkeit auf Ihr rechtes Fußgelenk. Spüren Sie nach, wie es sich anfühlt. Dann wandern Sie gedanklich durch Ihren rechten Fuß, schließlich hoch in die Wade, das Knie, den Oberschenkel, über die Hüfte und den Unterleib, das linke Bein hinunter und wieder hinauf, die Wirbelsäule hoch, über Rücken, Schultern, Arme, Bauch, Brust, Hals, Nackenwirbel, Kopfhaut, Stirn, Nase, das ganze Gesicht.

Zum Ausprobieren: Die 5-Minuten-Bodyscan-Meditation

5. Nehmen Sie während des Scannens alle Empfindungen wahr und versuchen Sie, alle Stellen in Ihrem Körper, in die Sie hineinspüren, möglichst zu entspannen.

6. Lenken Sie zwischendurch irgendwelche Gedanken ab, lassen Sie diese Gedanken wieder los und kehren Sie ohne Ärger zu Ihrer Körperwahrnehmung zurück.

7. Bevor Sie die Übung beenden, spüren Sie Ihren Körper als Ganzes und versuchen Sie zugleich ganz bewusst wahrzunehmen, wo Sie gerade sind.

Bei regelmäßiger Anwendung wird Ihnen diese Übung immer leichter fallen. Sie werden sie wahrscheinlich zeitlich immer weiter ausdehnen, wenn Sie spüren, wie gut sie Ihnen tut.

So setzen Sie zusätzliche Willensenergien frei

Die Art und Weise, wie wir über ein Vorhaben denken, bestimmt in hohem Maße die Energie, mit der wir an das Projekt herangehen.

Beispiel:

 Eine Fußballmannschaft, die sich sagt: „Wir werden kämpfen wie die Löwen und das Spiel gewinnen!", wird mit mehr Energie ins Spiel gehen als eine Mannschaft, die mehrheitlich glaubt, keine Chance zu haben. Oft verrät die Spieler bereits ihre Körpersprache. Die einen gehen aufrecht, mit festem Blick und einer positiven Spannung, die anderen mit hängenden Schultern und

Köpfen. Es ist sehr wahrscheinlich, dass die zuversichtliche Mannschaft das Spiel gewinnt.

Die Mentaltechnik dieses positiven Denkens entstand in der zweiten Hälfte des 19. Jahrhunderts aus den geistigen Anstößen vor allem von Ralph Waldo Emerson, einem amerikanischen Philosophen. Das Grundprinzip ist denkbar einfach: „Glaube ganz fest daran, dass du dein Ziel erreichst und du wirst es erreichen." Das funktioniert häufig allein deshalb, weil Menschen, die fest an ihren Erfolg glauben, sich eher und mit mehr Nachdruck auf den Weg zu ihrem Ziel machen als „Ungläubige". Hinzu kommt: Wer von seinem Erfolg überzeugt ist, wird viel Selbstvertrauen ausstrahlen. Und Menschen mit spürbarem Selbstvertrauen überzeugen andere leichter von ihren Ideen und gewinnen damit auch einfacher Unterstützer.

Viel wirkungsvoller als positives Denken: engagiertes Denken

Es gibt allerdings einen Haken am positiven Denken: Wer glaubt, etwas zu können, muss dazu noch lange nicht tatsächlich fähig sein.

Beispiel:

 Wer nach dem Prinzip des positiven Denkens fest daran glaubt, den Mount Everest bezwingen zu können, wird sich wahrscheinlich voller Zuversicht und Selbstvertrauen an dieses Wagnis machen. So wie der New Yorker Aydin Irmak, der sich 2012 in den Kopf gesetzt hatte, mit dem Fahrrad den Gipfel zu stürmen. Als die Behörden dies verhinderten, stieg er ohne Fahrrad auf. Aber Zuversicht und Selbstvertrauen machten ihn noch lange nicht zu einem fähigen Bergsteiger. Er erklomm zwar den Gipfel des Everest, stürzte aber beim Abstieg ab. Irmak überlebte nur, weil ein junger Israeli auf seinen Aufstieg verzichtete und ihn, unter Mithilfe eines Sherpas, in echter Bergkameradschaft mühevoll hinunter ins nächste Lager trug.

Viele, die sich in dieser Weise auf das positive Denken verließen, mussten bittere Erfahrungen machen. Auch die Wissenschaft bestätigt, dass solch ein einfaches positives Denken zu kurz greift, wenn es um das Erreichen von Zielen geht.

Beispiel:

In einer Studie wurden zwei Gruppen von Studierenden auf eine Prüfung vorbereitet. Die erste Gruppe wurde angehalten, sich mit positiven Aussagen zu stärken, nach dem Muster: „Du bist gut!" – „Du kannst das!" – „Du schaffst das!" Die andere Gruppe wurde vor der Prüfung immer wieder zur kritischen Frage angehalten: „Schaffe ich das?"

Das Ergebnis: Die Studierenden, die sich gefragt hatten, ob sie die Prüfung tatsächlich schaffen, schnitten im Durchschnitt deutlich besser ab als jene, die sich auf ihr positives Denken verlassen hatten.

Die Erklärung für dieses Ergebnis: Die Studierenden, die sich mit positivem Denken angefeuert hatten, waren sich so sicher, gut durch die Prüfung zu kommen, dass sie weniger lernten. Sie traten also die Prüfung zwar sehr optimistisch, aber mit mangelndem Wissen an. Ohne ihre selbstbewusste Ausstrahlung wären sie wahrscheinlich noch schlechter bewertet worden; den großen Erfolg hat ihnen das positive Denken aber nicht beschert. Die skeptischeren Studierenden versuchten, sich die selbstkritische Frage, ob sie die Prüfung bestehen, mit einem „Ja, weil ..." zu beantworten: „Ja, weil ich den Stoff beherrsche, viel gelernt habe und mich mehrmals von Kommilitonen habe abfragen lassen." So gingen sie nicht nur mit fundiertem Selbstbewusstsein in die Prüfung, sondern wussten darüber hinaus auch noch die richtigen Antworten.

Schaffe ich das? Ja, weil ...

Mit der Frage-Antwort-Kombination „Schaffe-ich-das? – Ja, weil ...", ließen die Studenten das einfache positive Denken hinter sich und griffen zu einer Technik, die sich in vielen anderen Studien als die erfolgreichere erwiesen hat.

Willenskraft-Verstärker: Die „Schaffe-ich-das? Ja, weil ..."-Technik
1. Wenn Sie sich auf eine Herausforderung vorbereiten, fragen Sie sich „Schaffe ich das?" Feuern Sie sich *nicht* mit einem oberflächlichen „Ich schaffe das!" an.
2. Geben Sie sich dann die Antwort auf Ihre Frage: „Ja, weil ..." Listen Sie hinter dem „weil" alles auf, was Sie dafür tun werden, um die Herausforderung zu meistern.
3. Und dann: Tun Sie all das, was hinter dem „weil" steht.

Machen Sie sich die Stärke Ihres Willens bewusst

Eine aufschlussreiche Studie hat gezeigt, dass Willensenergie und Durchhaltevermögen stark vom Selbstbild eines Menschen beeinflusst werden. Die Züricher Psychologin Veronika Job teilte dazu die Teilnehmerinnen und Teilnehmer der besagten Studie in zwei Gruppen. Sie erklärte den Mitgliedern der einen Gruppe, sie würden laut eines vorangegangenen

Persönlichkeitstests nur über eine schwach ausgeprägte Willenskraft verfügen. Den Mitgliedern der anderen Gruppe sagte sie genau das Gegenteil. Es hatte aber nie ein Persönlichkeitstest stattgefunden, der zu solchen Aussagen geführt hätte. Bei den anschließend gestellten Aufgaben, die viel Willenskraft erforderten, schnitten die Versuchspersonen so ab, wie man ihnen zuvor suggeriert hatte: Wer aufgrund des vermeintlichen Tests glaubte, eine geringe Willenskraft zu besitzen, verhielt sich auch so und gab früh auf. Wer dagegen glaubte, er sei willensstark, setzte sich besser durch.

Das zeigt: Wer glaubt, willensschwach zu sein, braucht dies nicht zwingend auch zu sein. Ein scheinbar „willensschwaches" Verhalten ist möglicherweise nur die Folge eines falschen Selbstbildes.

Und Ihr Selbstbild?

Wie ist das bei Ihnen? Was sagt Ihr Selbstbild? Betrachten Sie sich eher als willensschwach? Wenn ja, ist es an der Zeit, sich von diesem Glauben zu verabschieden. Machen Sie sich bewusst:

1   Jeder Mensch ist mit einer gehörigen Portion Willenskraft ausgestattet. Sie also auch!

2   Haben Sie sich ab und zu willensschwach verhalten, ist das ganz normal und kein Ausdruck einer grundsätzlichen Willensschwäche.

3   Hat es Ihnen an Willenskraft gefehlt, dann nur deshalb, weil Sie noch nicht wussten, wie Sie mit Willenskraft-Herausforderungen geschickt umgehen können.

4   Genau genommen sind Sie sogar sehr willensstark. Selbst wenn Sie sich in einigen Situationen verführen ließen, haben Sie sich die allermeiste Zeit nicht ablenken lassen, haben nicht spontanen Impulsen nachgegeben, sondern Ihre Arbeit gemacht, Ihre Aufgaben erledigt und damit sehr viel erreicht.

Gehen Sie mit diesem Wissen und diesem Selbstbild Ihre schwierigeren Herausforderungen an. Wahrscheinlich werden Sie sie mit noch mehr Energie und Zuversicht meistern.

Nutzen Sie Ihre Willenskraft-Reserven

In der Erkenntnis, dass sich Willenskraft erschöpfen kann, lauert eine mentale Falle. Tatsächlich ermüdet Willenskraft nämlich nicht an einer biologisch eindeutig festgelegten Grenze. Sie hängt vielmehr von der inneren Einstellung zur Begrenztheit der Willenskraft ab, wie Studien ergeben haben.

Beispiel:

 In Studien mussten Testpersonen Aufgaben erfüllen, die üblicherweise zu einer Willenskraft-Erschöpfung führen. Dann fand ein Vergleich der Ergebnisse statt zwischen den Personen, die an eine Begrenzung der Willenskraft glaubten, und jenen, die von der Unerschöpflichkeit ihrer Willenskraft überzeugt waren. Das Ergebnis: Personen, die an die unbegrenzte Willenskraft glaubten, strengten sich länger an und ließen sich auch in stressreichen Zeiten weniger ablenken, ernährten sich gesünder, betrieben mehr Sport und sahen weniger fern.

Damit korrespondiert auch eine andere Erkenntnis aus der Biopsychologie: Von erfolgreichen Extremsportlern weiß man, dass sie selbst dann noch weitermachen, nachdem ihnen der Körper längst signalisiert hat: „Ich bin müde, ich kann nicht mehr". Stimmten diese Körpersignale tatsächlich, müssten sie kurz darauf zusammenbrechen. Der Extremläufer Norman Bücher, der schon über 100 Marathon- und Ultramarathonläufe bestritt, meint deshalb: „Der Grenze ist dort, wo die menschliche Vorstellungskraft endet".

Unser gesamter Organismus ist aufs Überleben programmiert. Dazu gehört, dass er sich niemals ohne Not bis zur Erschöpfung verausgabt. Wenn irgend möglich, behält er immer eine Reserve, um sich jederzeit Nahrung beschaffen zu können oder um bei Gefahr zu kämpfen bzw. zu fliehen. Vor diesem Hintergrund sind die Ermüdungsempfindungen nur „Tricks", mit denen unser Überlebensprogramm verhindern will, dass wir unsere Energiereserven komplett aufbrauchen. Mit anderen Worten: Unser Gehirn signalisiert Erschöpfung bereits dann, wenn noch körperliche Reserven vorhanden sind. Dieser Mechanismus funktioniert ebenso in puncto Willenskraft: Meinen Sie also, mental erschöpft zu sein und einfach nicht mehr zu können, so haben Sie höchstwahrscheinlich noch eine ordentliche Reserve in der Hinterhand.

So aktivieren Sie Ihren Reserve-Energietank

Den folgenden Mechanismus können Sie nicht nur bei extremen sportlichen, sondern auch bei alltäglichen Herausforderungen nutzen:

So aktivieren Sie Ihren Reserve-Energietank

1   Immer wenn sich zum ersten Mal das Gefühl ein-
    schleicht: „Ich kann nicht mehr, ich bin geistig schlaff
    und entscheidungsmüde", machen Sie sich bewusst,
    dass es nur darauf hinweist, dass Sie auf den Zustand
    des „Ich-kann-nicht-mehr" zusteuern, aber noch (lange)
    nicht dort sind.

2   Stellen Sie sich stattdessen vor, in diesem Moment
    einfach auf den noch gut gefüllten Reserve-Energietank
    umzuschalten. Sie werden dann noch eine ganze Zeit
    mit erhöhter Willensenergie unterwegs sein.

Aber aufgepasst: Das ist keine Aufforderung zum permanen-
ten Vollgasgeben. Denn irgendwann ist auch der Reservetank
leer. Besser, Sie fahren ihn nicht auf Null herunter. Legen Sie
rechtzeitig eine Pause ein und tanken Sie wieder auf.

Wählen Sie wirklich motivierende Ziele

Die meisten Ziele motivieren *nicht*. Das klingt seltsam, ist aber
so – sogar sehr häufig. Sie erkennen es ganz leicht, wenn Sie
sich Ziele vor Augen führen, die nicht erreicht wurden. Sie
haben fast alle eines gemeinsam: Sie lösten bei den Menschen, die sie erreichen wollten, keinen großen Dopaminschub
aus. Mit diesen Zielen verband sich also kein starkes Beloh-
nungs- oder Glücksversprechen. Die Menschen hatten nicht
das Gefühl: Wenn ich dieses Ziel erreiche, dann wird es wirk-

lich schöner oder besser für mich. Die Betonung liegt dabei auf „Gefühl". Das ist das Entscheidende. Rationale Gründe, warum man etwas tun oder lassen soll, gibt es zuhauf: jetzt sofort die Daten für den Jahresbericht sammeln, eine Weiterbildung machen, mit dem Rauchen aufhören etc. Aber wenn sich kein positives Gefühl mit diesen Gründen verbindet, fehlt die Motivation zum Anpacken. Es gibt keinen Grund, der in Bewegung setzt.

Nur emotional aufgeladene Ziele sind motivierende Ziele

Will ich also Ziele nicht nur formulieren, sondern auch erreichen, muss ich solche wählen, die entweder starke positive Gefühle in mir auslösen, oder mir die Sicherheit geben, dass sie mir Schmerzen vom Leib halten. Dasselbe gilt auch für den Weg dahin. Wird es auf dem Weg zum Ziel Schmerzen geben, müssen die positiven Gefühle am Ziel umso stärker sein. Es muss dort also eine „Überwindungsprämie" warten. Die entscheidende Frage lautet also: Welche Ziele und Beweggründe motivieren Sie am stärksten? Was andere erstreben, muss Sie selbst noch lange nicht anziehen. Die Gründe, weshalb Menschen eine ganz bestimmte Sache tun, können höchst unterschiedlich sein.

Beispiel:

 Marion Wegener leitet eine Ü30-Laufgruppe ihres Sportvereins. Vor ein paar Wochen stießen drei Frauen zur Gruppe, alles Bekannte. Frau Wegener hat sie inzwischen noch besser kennengelernt und zu ihrer eigenen Überraschung festgestellt: Jede motiviert sich anders. Für Anna-Maria ist ganz klar: Sie will wieder fitter werden. Es ärgert sie, dass sie beim Treppensteigen immer öfter außer Atem kommt. Sabine ist es wichtig, etwas mit den Freundinnen zu unternehmen und neue Bekanntschaften zu machen. Petra wiederum freut sich darauf, mit der Gruppe zu diversen Stadtläufen zu fahren und sich dort mit anderen Läuferinnen zu messen.

Alle drei Frauen haben sich nicht nur dazu entschieden, Sport zu treiben, sondern sich auch eine Sportart und einen Rahmen gewählt, der genau das bietet, was jeder Einzelnen hoch attraktiv erscheint. Offenbar wusste jede, was sie am stärksten motiviert.

Manchmal weiß man aus Erfahrung, was stark motiviert. Oft weiß man es aber nicht so genau. Wir tun vieles, weil wir es schon immer so getan haben. Man fragt sich dann: Ist es wirklich das, was mich wahrhaft begeistert? Befriedigt mich meine Arbeit wirklich zutiefst? Ist das, was ich Tag für Tag erledige, wirklich das, was ich am besten kann und am liebsten tue? Werde ich eines Tages stolz und zufrieden auf mein Leben zurückschauen? Je mehr man sich mit der Frage auseinandersetzt, was wirklich wichtig ist im Leben, desto weniger spontan und sicher fällt die Antwort aus, jedenfalls bei den meisten Menschen. So etwas lässt sich nicht einfach so zwischen Tür und Angel beantworten. Man braucht Ruhe und Besinnung, man muss sich Zeit nehmen, tief in sich hinein spüren, um herauszufinden, was einem wirklich wertvoll im Leben ist. Und welche Dinge es sind, die am Ziel und – idealerweise schon auf dem Weg dorthin – glücklich machen können.

Was macht Sie glücklich?

Mit den folgenden Fragen können Sie sich und Ihren am stärksten motivierenden Zielen auf die Spur kommen.

- Was würde mich jeden Morgen voller Freude aus dem Bett holen? Was würde mich jeden Tag aufs Neue begeistern?

- Welche meiner Stärken und Talente befriedigen mich am meisten?

- Was würde ich tun, wenn mir ausreichend Zeit, Mittel und Ressourcen zur Verfügung stünden?

- Was möchte ich in meinem Leben erleben, das mir so richtig Spaß macht?

- Wie lautet der wichtigste Wunsch, den ich mir für mein Leben erfüllen möchte? Warum ist dieser Wunsch so wichtig für mich?

- Was ist das Wichtigste für mich in meinem Beruf? In dieser Woche? In diesem Monat? In diesem Jahr? In den nächsten fünf Jahren?

- Was ist das Wichtigste für mich im Privatleben – in meinen Beziehungen und für mich allein? In dieser Woche? In diesem Monat? In diesem Jahr? In fünf Jahren?

- Welche Aussagen über mich höre ich am liebsten?

Beantworten Sie sich diese Fragen, werden Sie ein gutes Gefühl dafür entwickeln, welche Ziele für Sie so anziehend sind, dass Sie wenig Willenskraft brauchen, um dahin zu gelangen. Trotzdem müssen Sie unterwegs vielleicht Hindernisse aus dem Weg räumen und Wege gehen, die Ihnen ganz und gar nicht attraktiv erscheinen.

Auf einen Blick: Willenskraft schonen und ausbauen

- Eine Überfülle an Belohnungs- und Glücksversprechen prägt unsere Konsumgesellschaft. Diese Versprechen lösen Begehren und Verlangen aus, sind aber häufig leer und lenken von unseren langfristigen Zielen ab. Weil wir uns ständig per Willenskraft gegen sie entscheiden müssen, wird diese in hohem Maß verbraucht.

- Um die Willenskraft zu schonen, ist es gut herauszufinden, welchen leeren Versprechungen wir regelmäßig erliegen. Es gelingt dann besser, diese Auslöser bewusst zu meiden.

- Stress schwächt die Willenskraft. Entspannungstechniken und eine Mediendiät helfen dabei, schädliche Stressfaktoren zu reduzieren.

- Willenskraft lässt sich aktiv mit einem gezielten Fitnessprogramm trainieren. Auch Meditation hilft dabei, die Willenskraft zu stärken.

- Wer an seine Willenskraft glaubt, setzt zusätzliche Willensenergie frei.

- Wer in seinem Leben Ziele verfolgt, die ihm selbst wirklich wichtig sind, setzt Handlungsenergie frei und benötigt weniger Willenskraft, sie zu erreichen.

Willensstark zum Ziel

„Ach, könnte ich doch ..., aber ...!" So denken viele und setzen die ganzen Träume und Pläne, die sie haben, letztendlich nicht in die Realität um oder geben auf halber Strecke auf. Zu mühsam und steinig ist der Weg zum Ziel, finden sie. Dabei ist es mit den richtigen Willensstrategien gar nicht so schwer, überall dorthin zu kommen, wohin man möchte.

In diesem Kapitel erfahren Sie u. a.,

- mit welchen Tricks Sie sich dazu aufraffen, Ihre Ziele angehen,
- wie Sie den Weg zu Ihrem Ziel so planen, dass er Sie auch tatsächlich dahin führt,
- wie Sie durchhalten, wenn es schwierig wird,
- wie Sie Ängsten und anderen negativen Gefühlen begegnen.

Aller Anfang ist schwer: Wie Sie sich selbst trickreich überwinden

Zum Essen von Sahnetorte benötigt niemand Willenskraft. Wir brauchen keine Willenskraft, um etwas zu tun, das wir sowieso gern tun. Wir benötigen sie immer nur dann, wenn wir uns zu etwas überwinden müssen: aufstehen, obwohl wir lieber noch liegenblieben; im Büro arbeiten, obwohl wir lieber im Eiscafé säßen; auf die Sahnetorte verzichten, obwohl wir sie lieber verdrückten.

Je stärker in diesen Momenten das Verlangen nach den angenehmen Dingen wird, desto mehr Willensstärke brauchen wir, um uns dagegen durchzusetzen. Dann bemühen wir gern das Bild vom inneren Schweinehund, den wir überwinden müssen. Dabei ist es gar nicht nötig, ihn zu überwinden.

Schließen Sie Freundschaft mit Ihrem Schweinehund

Das ist der Trick: Betrachten Sie Ihren inneren Schweinehund als Freund und Verbündeten. Hören Sie auf, ihn als Feind anzusehen. Damit tun Sie ihm schwer Unrecht, schließlich meint er es nur gut mit Ihnen. Er möchte, dass Sie leckere Dinge essen und trinken, glückliche Momente erleben und Ihre Kräfte schonen. Dass dies langfristig nicht immer gut ist, weiß er nicht. Er ist nur unwissend, nicht böse.

Sie werden das schnell merken, wenn Sie ihm das richtige Futter geben. Es gibt nämlich Futter, das ihn zu Ihrem Antreiber macht, aber auch eine Kost, die ihn in einen Boykotteur Ihrer guten Vorsätze verwandelt. Sein Futter sind Ihre Gedanken, die Ihre Vorhaben widerspiegeln.

Beispiel:

Sie liegen auf dem Sofa und denken, dass Sie eigentlich lieber draußen joggen sollten. Stellen Sie sich dann vor, die bequeme Couch zu verlassen, aufzustehen, sich umzuziehen und raus in die Kälte zu gehen; wie beim Laufen die Muskeln schmerzen, der Atem knapper wird und Sie gedanklich bereits wieder aufhören ... dann wird Ihr innerer Schweinehund alles dafür tun, Sie vor diesen Schrecklichkeiten zu bewahren. Er wird Sie mit großen treuen Augen anschauen, sich zu Ihnen aufs Sofa kuscheln und Sie daran erinnern, was für ein angenehmer Ort das doch ist. Und sollten Sie sich vielleicht trotzdem zum Laufen aufraffen, läuft er Ihnen wahrscheinlich hinterher und zwickt Sie so lange in die Waden, bis Sie sich wieder auf die Couch legen.

Stellen Sie sich dagegen vor, wie toll es ist, nach den ersten 300 bis 400 Metern in den Rhythmus zu kommen, wie der Körper locker wird und Sie sich innerlich entspannen, die Natur bewusst wahrnehmen und die klare Luft genießen, wie wohltuend es sich anfühlen wird, unter der Dusche zu stehen, körperlich entspannt, fitter als vorher und geistig erfrischt ... dann wird Ihr innerer Schweinehund wahrscheinlich schwanzwedelnd zwischen der Couch und der Wohnungstür hin und her hopsen und es gar nicht erwarten können, bis Sie mit ihm zusammen ins Freie laufen.

Das Beispiel zeigt: Der innere Schweinehund lässt sich recht leicht zum Freund und Verbündeten machen. Stellen Sie einfach das Futter um. Lassen Sie also die richtigen, die selbstmotivierenden Gedanken kommen. Dann benötigen Sie fast keine Willenskraft mehr, um das zu tun, was langfristig am besten für Sie ist. Sie sehnen sich dann so nach einer Runde Laufen wie Leckermäuler nach einem Stück Sahnetorte.

Dieses Prinzip lässt sich auf all Ihre Ziele und Vorhaben anwenden. Sie können damit auch Ihre großen Ziele noch attraktiver machen und dabei Ihre Willenskraft schonen.

Dopaminisieren Sie Ihre Ziele

Das Zwangsdopamin muss weg, hatten wir festgestellt. Das heißt aber nicht, dass wir das körpereigene Glückshormon nicht für unsere Zwecke nutzen sollten.

Bemerkt das rationale, weit vorausschauende Großhirn etwas, das langfristig nicht gut ist, das aber unser emotionales Gehirn jetzt und sofort begehrt, bleibt ihm nichts anderes übrig, als das Begehren mit Willenskraft auszuschalten. Dafür stehen zwei Methoden zur Verfügung – eine harte und eine weiche, sehr elegante. Seltsamerweise ist die harte Tour weit mehr verbreitet, obwohl sie im Vergleich zur eleganten extrem schlecht abschneidet.

Die harte Tour

Die harte Tour bedeutet, sich selbst zu quälen, Verzicht zu leisten, die Zähne zusammenzubeißen, sich zu zwingen, mit eiserner Disziplin die eigenen Bedürfnisse zu unterdrücken. All das funktioniert zwar, aber selten langfristig. Auf diesem Weg kommen vielleicht 5 von 100 Menschen ans Ziel. Die restlichen 95 scheitern und werfen sich daraufhin Willensschwäche vor.

Menschen sind eben nicht dafür konstruiert, sich selbst ständig Schmerz zuzufügen. Wir suchen nach Glück und marschieren am liebsten dorthin, wo unser Dopamin ausschüttendes emotionales Gehirn es gerade entdeckt: auf dem Sofa, in der Sonne, im Kühlschrank ... Deshalb sollten Sie besser *mit* diesem Dopamin-System arbeiten anstatt dagegen.

Die elegante Tour

Der Trick lautet: Dopaminisieren Sie Ihre großen Ziele. Denken Sie die richtigen Gedanken über Ihr Ziel. Richtige Gedanken erkennen Sie daran, dass sie *sofort* ein starkes positives Gefühl des Verlangens nach diesen Zielen auslösen.

Die Betonung liegt dabei auf „sofort". Denn im Konflikt zwischen kurzfristigen Bedürfnissen und langfristigen Interessen drängt es uns mit größerer Macht zur schnellen Befriedigung. Ist die Erfüllung unseres Verlangens erst nach Wochen, Monaten oder gar Jahren zu erwarten, bleiben Dopaminschub und damit auch Verlangen aus.

Beispiel:

> Es sieht schlecht aus, wenn die Entscheidungsalternative lautet, entweder ein paar aufregende Runden im Internet zu drehen, oder sich gleich an die Projektplanung zu setzen, für die es frühestens in einem halben Jahr Lob und Anerkennung geben wird. Letzteres ist langfristig natürlich besser für die Karriere und wird Sie auch viel glücklicher machen, wenn es soweit ist, aber es fühlt sich *jetzt* nicht so an.

Sie können aber dafür sorgen, dass es sich bereits jetzt gut anfühlt und augenblicklich zu einem Dopaminschub-Auslöser wird, der Sie zu Ihrem Ziel treibt – ohne viel Willenskraft mobilisieren zu müssen und ohne sich elend zu quälen, wohlgemerkt.

Malen Sie sich Ihr Ziel in den schönsten Farben aus

1. Stellen Sie sich vor, Sie hätten Ihr Ziel erreicht:
   Wie großartig fühlen Sie sich dann!

2. Welche Probleme, Mangelsituationen, Belastungen
   werden dann hinter Ihnen liegen?

3. Was wird dann alles angenehmer, schöner, reicher,
   besser für Sie werden?

4. Stellen Sie sich all dieses Positive mit allen Sinnen so
   intensiv wie möglich vor.

5. Fühlen Sie das damit einhergehende Glück und die sich
   ausbreitende Befriedigung hier und jetzt. Freuen Sie sich
   darauf, jetzt sofort das zu tun, was Sie Ihrem Ziel
   näherbringt.

Lassen Sie sich von diesem Gefühl leiten, wird es Ihnen leichter fallen, tatsächlich das Nötige zu tun, selbst wenn es gerade unbequem ist. Dabei wird wahrscheinlich noch ein weiterer, sehr hilfreicher Effekt eintreten:

Betrachten Sie Ihr Ziel nicht nur als vernünftig, sondern nehmen es unmittelbar als beglückend wahr, werden sogar die Momente, in denen Sie sich ordentlich anstrengen müssen, zu kleinen Glückserlebnissen. Denn sie lassen sich als Wegmarken auf der Strecke zum Ziel werten.

Stärken Sie Ihre Zuversicht

Zuversicht gehört zu den wichtigen Voraussetzungen, sich überhaupt auf den Weg zum Ziel zu machen. Nur wer erwartet, es tatsächlich zu erreichen, wird auch losmarschieren. Je größer die Zuversicht, desto mehr Energie und Kraft werden Sie mobilisieren, um es tatsächlich bis ins Ziel zu schaffen und sich auch auf dem Weg dorthin nicht von Widrigkeiten ablenken zu lassen. Eine Technik zur Stärkung der Zuversicht, die Schaffe-ich-das?-Technik, haben Sie bereits kennengelernt (siehe dazu das Kapitel „Willenskraft schonen und ausbauen"). Hier verraten wir Ihnen drei weitere Vorgehensweisen, die sich besonders gut dazu eignen, die eigene Zuversicht zu stärken und damit Ihre Willensanstrengungen zu unterstützen.

Methode 1: Der Blick zurück

Richtet man den Blick nach vorn und erkennt dort Unbekanntes und Herausforderndes, kann die Zuversicht leicht ins Schwanken geraten.

Bremsen Sie solche Unsicherheiten, wenden Sie den Blick per Willensentscheidung davon ab und schauen Sie bewusst zurück. Fragen Sie sich: Was habe ich in meinem Leben schon alles geschafft? Seien Sie bei der Beantwortung dieser Frage hemmungslos unbescheiden. Schreiben Sie die Antworten am besten auf, vielleicht sogar auf einzelne Karten, die Sie dann auf dem Tisch oder dem Fußboden ausbreiten.

Das wird wahrscheinlich recht beeindruckend aussehen und bei Ihnen schnell das sichere Gefühl auslösen: „Wenn ich all

das geschafft habe, dann werde ich das Neue auch schaffen!"
Und schon ist Ihre Zuversicht wieder ein ganzes Stück ge-
wachsen.

Methode 2: Das schaffe ich auch!

Schwanken Sie in Ihrer Zuversicht, dann schauen Sie sich die
Menschen in Ihrer Umgebung einmal genauer an. Gibt es
welche, die Ähnliches geschafft haben wie Sie? Wenn ja, was
sind das für Menschen? Haben sie außerordentliche Begabun-
gen? Herausragende Fähigkeiten? Bestechende Intelligenz?
Emotionale Wucht? Wahrscheinlich nicht, oder? Dann spricht
alles dafür, mit Fug und Recht zu sagen: „Wenn die das geschafft haben, dann schaffe ich es auch!" Womit eine weitere
Einzahlung auf das Zuversichtskonto getätigt ist.

Methode 3: Meiden Sie die Nörgler

Lob, Anerkennung und Schulterklopfen sind hervorragende
Motivatoren. Merke ich, dass viele Menschen in der Umgebung gut finden, was ich tue, und es vielleicht sogar noch
unterstützen, setzt dies zusätzliche Energie in mir frei und
erhöht meine Zuversicht, das Ziel zu erreichen.

Tummeln sich in meiner Umgebung jedoch nur Menschen,
die sich für mein Tun überhaupt nicht interessieren, nur daran herumnörgeln und ständig infrage stellen, ob ich mein
Ziel überhaupt schaffe, fällt es mir wahrscheinlich deutlich
schwerer, zuversichtlich zu bleiben und mit Elan mein Ziel
anzusteuern. Haben Sie es hauptsächlich mit solchen Menschen zu tun, hilft nur Eines: Grenzen Sie sich ganz bewusst

von ihnen ab. Meiden Sie sie, so gut es geht. Lassen Sie sich von ihnen nicht mehr ausbremsen. Suchen Sie sich stattdessen lieber wohlwollende Menschen, die Sie anfeuern, Ihnen den Erfolg gönnen, sich mit Ihnen freuen und Sie vielleicht sogar tatkräftig unterstützen.

> Prüfen Sie genau, ob die Typen, die Sie künftig meiden wollen, tatsächlich Nörgler und Herunterzieher sind. Es könnte sich auch um Menschen handeln, die es gut mit Ihnen meinen, und die Sie auf reale Schwierigkeiten und Fallen hinweisen und vorbereiten wollen.

Warum eine gute Planung so wichtig ist

Wer seine Ziele konkret definiert, erreicht sie mit größerer Wahrscheinlichkeit als ein Mensch, der sich nur so ungefähr etwas vornimmt. Derjenige, der seine Ziele auch noch aufschreibt und gleich einen Plan dazu formuliert, wie und wann er sie erreichen will, ist in der Regel doppelt so erfolgreich wie ein Zeitgenosse, der sich Ziele nur im Kopf vorstellt. So lautet eine Faustregel aus der Zielerreichungsforschung.

Pläne zur Zielerreichung spielen also eine große Rolle. Pläne sind aber nicht gleich Pläne. Wie gut sie funktionieren, hängt von ein paar wenigen, aber immens wichtigen Kriterien ab. Diese Kriterien haben eines gemeinsam: Sie liefern Ihrem Willen starke Argumente und alarmieren Sie rechtzeitig, wenn Ihre Willenskraft gebraucht wird.

Bauen Sie Ihre Pläne vom Ziel her auf

Gerade sehr motivierte Menschen neigen häufig dazu, das eigene Verhalten und die künftigen Umstände zu optimistisch einzuschätzen. Dieser Falle können Sie entgehen. Definieren Sie zunächst, woran Sie messen, dass Sie Ihr Ziel erreicht haben, und legen Sie genau fest, wann Sie es erreicht haben.

Beispiel:

> „Am 1. Oktober des Jahres, in dem ich in Ruhestand gehe, habe ich den Betrag XY gespart, mit dem ich mir eine Ferienwohnung in Italien kaufe."
>
> Oder: „Am 1. Mai nächsten Jahres laufe ich meinen ersten Halbmarathon in einer Zeit von höchstens 2 Stunden und 15 Minuten."

Ziele lassen sich prima rückwärts planen. Steht fest, wie viel Geld Sie am besagten Termin zur Verfügung haben möchten, lässt sich einfach ausrechnen, welchen Betrag Sie pro Monat beiseitelegen müssen. Sie werden dann schnell erkennen, ob dieser Betrag realistisch ist. Solange das Ziel „Ferienwohnung in Italien" nur verschwommen im Hinterkopf herumspukt, kann es leicht passieren, dass Sie zu spät merken, dass das Geld nicht reicht. Bei dem Ziel „Halbmarathon" verhält es sich ähnlich. Sie können einen Plan erstellen, aus dem genau hervorgeht, wie viele Stunden Sie pro Woche trainieren müssen.

Nur wenn Sie Ihre Ziele exakt planen, wissen Sie also, wie viel Geld Sie pro Monat sparen oder wie viel Zeit Sie pro Woche investieren müssen. Dann können Sie prüfen, ob Sie dieses Geld und diese Zeit haben bzw. ob Sie beides tatsächlich aufbringen wollen. Wenn nicht, können Sie Ihr Ziel anpassen oder sich auch ganz davon verabschieden. Auch Letzteres ist ein sehr guter Schritt, denn nun belasten Sie sich gedanklich nicht mehr mit einer Sache, die Sie sowieso nicht wirklich erreichen wollen. Das ist nicht schlimm, im Gegenteil. Denn jetzt können Sie Ihre Willensenergie auf ein anderes, erreichbares Ziel richten.

Exakte Planung stärkt den Willen

Exakt beschriebene Ziele wirken wie ein Turbo auf Ihre Willenskraft. Sie können dann viel besser argumentieren.

Beispiel:

> „Wenn ich jetzt das Geld für einen neuen Fernseher ausgebe, werde ich am 31. Oktober 20.. nicht genügend Geld für meine Ferienwohnung zusammenhaben." Oder: „Wenn ich jetzt auf der Couch liegen bleibe, werde ich den Halbmarathon am 1. Mai nicht in 2 Stunden 15 Minuten schaffen."

Solche starken Argumente fehlen Ihrer Willenskraft, wenn Sie sich nur so ungefähr vornehmen, mal irgendwann einen Halbmarathon zu laufen oder sich eine Ferienwohnung zu kaufen.

Widmen Sie den Hindernissen genauso viel Zeit wie Ihren Zielen

Wer motiviert ein Ziel verfolgt, investiert seine gesamte Energie in den Weg dorthin, in die Umsetzung. Und natürlich trägt ihn idealerweise die Erwartung, alles zu schaffen, was er dafür anpackt.

In diesem „euphorisierten" Zustand ist die Lust, sich Schwierigkeiten und Hindernissen auf dem Weg zum Ziel zu stellen, meist nicht sehr groß. Das ist verständlich, aber fatal. Viele Menschen scheitern auf ihrem Weg zum Ziel, weil sie nicht auf diese Hürden vorbereitet waren.

Funktionierende Aktionspläne zeichnen sich daher durch einen Abschnitt aus, der mögliche Schwierigkeiten beschreibt und geeignete Reaktionen darauf parat hält.

Beispiel:

 Sie verfolgen den Plan, einen Halbmarathon zu laufen: Was tun Sie, wenn Sie einmal eine Woche krank sind? Oder wenn Sie beruflich so eingebunden sind, dass Sie aus guten Gründen Ihre Trainingszeiten nicht einhalten können? Wie gehen Sie damit um, wenn sich Ihr Partner oder Ihre Partnerin oder Ihre Kinder beschweren, dass Sie wegen des Trainings weniger Zeit für sie haben?

Die häufigsten Gründe für den Abbruch eines Verhaltenszieles (z. B. zweimal in der Woche Sport zu treiben) lauten: aus dem Rhythmus kommen, zwei- oder dreimal hintereinander verhindert sein, auf Widerstände im näheren Umfeld stoßen. Viele hören dann auf, ihr Ziel weiterzuverfolgen. Schlauer ist es deshalb, sich einen Plan für solche Fälle zurechtzulegen.

Beispiel:

 „Wenn ich einmal verhindert bin, dann gleiche ich das zwei Tage später durch folgende Ersatzübung aus: ...". Oder: „Ich spreche mein Vorhaben vorher mit meiner Familie ab, und wir überlegen uns gemeinsam Kompromisse".

Der Vorteil: Weil schon vorab klar ist, wie Sie auf Schwierigkeiten reagieren, müssen Sie im Ernstfall nicht mehr zwischen bequemen und unbequemen Alternativen abwägen. Sie tun automatisch das Zielführende, eine Willensentscheidung entfällt. Ihr Wille setzt sich quasi „kampflos" durch.

> Beschäftigen Sie sich intensiv mit den Schwierigkeiten auf dem Weg zum Ziel, vor allem dann, wenn Ihnen das Ziel sehr wichtig ist. Rechnen Sie mit Hindernissen. Halten Sie Reaktionen parat, sie zu überwinden. Verpflichten Sie sich von vornherein auch dann dazu weiterzumachen, wenn zwischendurch etwas nicht klappt – am besten mit noch höherer Energie.

Zeitpläne sind gut, Wenn–dann–Pläne sind besser

Das Wenn-dann-Prinzip ist ein wichtiger Kniff, wenn es Ihnen darum geht, Aktionspläne zu erstellen, die wirklich klappen. Bei einem Zeitplan schreiben wir lediglich auf, was wir wann in welchem Umfang tun werden: „Ich lerne pro Woche 6 Stunden auf die Prüfung im Lehrgang Arbeitssicherheit". Sind diese 6 Stunden das Ergebnis unserer Überlegungen, wie viel Zeit wir investieren müssen, um am Tag XY genügend gelernt zu haben, ist das schon ein guter Schritt in die richtige Richtung. Wir haben den Plan also vom Ziel her aufgebaut.

Jetzt aber zum noch wirkungsvolleren Wenn-dann-Plan: Im Unterschied zum reinen Zeitplan bietet er einen deutlich höheren Wirkungsgrad. Er hat das Allerwichtigste für die Umsetzung im Blick – nämlich die Auslöser, die Sie z.B. dazu bringen, sich im geplanten Moment tatsächlich zum Lernen auf den Hosenboden zu setzen.

Ein solcher Aktionsplan arbeitet deshalb nicht nur mit Zeit-
angaben („Montag, Mittwoch, Freitag 2 Stunden lernen"),
sondern funktioniert nach einem anderen Schema: „*Wenn*
ich montags nach der Arbeit nach Hause komme, *dann* esse
ich zunächst etwas, gehe danach eine Viertelstunde spazieren
und setze mich anschließend sofort an den Schreibtisch."
Nach dem gleichen Muster lassen sich auch die anderen
Tage planen. Die Wirkung dieser Pläne besteht in der Planung
von Impulsen, die zu einem bestimmten Zeitpunkt Ihr Verhalten auslösen. Es ist so, als würde Sie ein guter Freund an
Ihr Vorhaben erinnern: „Es ist so weit. Tue es!" Es ist ver-
gleichbar mit dem Geklapper des Briefkastens, das Sie vor die
Tür gehen lässt, um nach der Post zu schauen. Solche Impulse
zu setzen, ist viel einfacher und wirkungsvoller, als einen
Zeitplan aufzustellen.

Indem Sie Wenn-dann-Situationen schaffen, bringen Sie das
Leben selbst dazu, im richtigen Moment den Impuls für Ihr
Handeln zu geben. Sie werden dann ohne Nachdenken das
tun, was Sie sich vorgenommen haben. Und das wiederum ist
ein cleverer Umgang mit Ihrer Willenskraft. Sie wird nämlich
gar nicht gebraucht, weil Sie schlichtweg nicht mehr jeden
Tag neu per Willenskraft entscheiden müssen, was Sie jeweils
tun.

Besser haushalten mit der Willenskraft

Willenskraft ist keine unerschöpfliche Ressource. Daher ist es sinnvoll, mit ihr hauszuhalten. Zwei hervorragende Techniken helfen dabei:

1 Die Kraft auf ein einziges Ziel fokussieren
2 Gewohnheiten bilden, die automatisch ablaufen

Das Ein-Ziel-Erfolgsprinzip

Wenn es um ihre Lebensgestaltung geht, haben die meisten Menschen nicht nur ein einzelnes Ziel. Meist fallen ihnen haufenweise Vorhaben ein: die Aufgabenliste abarbeiten, jedes Papier nur einmal in die Hand nehmen, im Büro endlich den Posteingang des E-Mail-Accounts leeren, gesünder essen, öfter bewegen, weniger rauchen, sich mehr um die Familie kümmern, den Keller aufräumen, mal wieder Verwandte besuchen, die Steuererklärung machen. Beginnt man damit, darüber nachzudenken, was sich im Leben alles sinnvoll verändern ließe, kommt schnell eine lange Liste zusammmen.

Klar weiß man sofort, dass man nicht alles auf einmal erledigen kann. Sich aber drei, vier oder fünf Ziele gleichzeitig vorzunehmen, klappt doch locker, oder? Der Haken daran: Je mehr Ziele auf einmal wir angehen, desto größer ist die Wahrscheinlichkeit, dass sich am Ende nichts zum Besseren ändert.

Der Grund: All diese Veränderungen kosten Kraft, Willenskraft. Diese brauchen wir immer wieder, um Gewohntes anders und neu zu gestalten. Da Willenskraft aber nicht uner-
schöpflich ist, verteilt das Gehirn, ohne dass es uns bewusst
wird, die Kraft auf verschiedene Ziele und Aufgaben. Mit dem
Ergebnis, dass wir nicht ein einziges Ziel mit voller Kraft
angehen, sondern viele Ziele mit einem Drittel, einem Viertel,
einem Fünftel und vielleicht sogar noch weniger unserer
Kraft. Letztlich erreichen wir dann keines der Ziele. Es ist wie
mit Leuchttürmen im Dunkeln: Strahlt nur ein einziger, richtet
sich die gesamte Aufmerksamkeit und Energie auf diesen
Lichtfleck. Würden mehrere gleichzeitig leuchten, wüssten
wir nicht mehr, worauf wir uns fokussieren sollen.

Deutlich mehr Erfolg beim Erreichen unserer Ziele haben wir
daher, wenn wir unsere (Willens-)Kraft konzentriert einsetzen
und uns auf ein Ziel fokussieren.

So fokussieren Sie Ihre Kräfte mit dem Ein-Ziel-Erfolgs-prinzip
1. Schreiben Sie Ihre wichtigen Ziele auf.
2. Wählen Sie das Ziel, das Ihnen gerade am wichtigsten ist, oder ein Ziel, das Sie unbedingt zuerst erreichen wollen.
3. Entscheiden Sie sich dafür, sich diesem Ziel mit aller Kraft zu widmen.
4. Erstellen Sie einen Aktionsplan und widmen Sie Ihre ganze Aufmerksamkeit nur diesem einen Ziel.

So fokussieren Sie Ihre Kräfte mit dem Ein-Ziel-Erfolgs-prinzip

5. Verpflichten Sie sich dazu, immer wieder Ihre Energie auf dieses eine Ziel zu lenken und alle anderen Ziele ruhen zu lassen.

6. Gehen Sie ein nächstes, anspruchsvolles Ziel erst an, nachdem Sie Ihr erstes Ziel erreicht haben.

Bei dieser Technik funktioniert ein monatsweises Vorgehen ausgezeichnet. Nehmen Sie sich also für jeden Monat ein neues Ziel vor. Dieser klar abgesteckte Zeitraum eignet sich als psychische Stütze, die deutlich zum Ausdruck bringt: Das ist der Monat meines XY-Ziels. Die Konzentration auf einen Monat hilft auch bei großen, langfristigen Zielen, die sich nicht in vier Wochen erreichen lassen. In diesem Fall können Sie für jeden Monat Teilziele festlegen.

Bilden Sie Gewohnheiten aus

Mächtige Helfer beim Willensenergiesparen sind Gewohnheiten. Sie bilden im Gehirn so etwas wie große, hervorragend ausgebaute Straßen, auf denen Informationen schnell hin und her transportiert werden. Diese Informationen sind Nervenimpulse, die unser Verhalten steuern. Alles läuft fast vollautomatisch und ohne Kontrollaufwand seitens unserer Willenskraft ab.

Der Aufbau einer derartigen Energiesparstruktur im Gehirn dauert seine Zeit. Sie entsteht durch ständige Wiederholung eines bestimmten Verhaltens. Das ist zu Beginn immer sehr anstrengend. Im Gehirn verhält es sich so, als bahnten sich die Nervenimpulse zunächst mit großer Anstrengung ihren Weg durch ein Dickicht. Aber je öfter sie den schmalen Pfad entlang wandern, desto breiter und bequemer wird er. Mit der Zeit wird aus dem Trampelpfad ein Weg, aus dem Weg eine Straße und aus der Straße am Ende eine breite Autobahn.

Bis es schließlich ganz bequem und anstrengungslos läuft, muss man sich aber lange und immer wieder bewusst mit Willenskraft dazu aufraffen, das neue Verhalten an den Tag zu legen. Zum Glück gibt es ein paar Tricks, die dies erleichtern.

Machen Sie Ihr Ziel mental kleiner

Eine riesengroß erscheinende Aufgabe kann so kraft- und mutlos machen, dass man gar nicht erst damit beginnt. Aber genau das droht, wenn man sich ein neues Verhalten angewöhnen will. Es bedeutet ja, dieses Verhalten künftig jeden Tag, Monat für Monat, Jahr für Jahr bis ans Lebensende zu zeigen.

Beispiel:

Eine Seminarteilnehmerin nahm sich vor, ab sofort jeden Tag 15 Minuten Klavier zu üben. Auf unsere Frage: „Wie lange wollen Sie das durchziehen?", antwortete sie: „Für immer". Stellen Sie sich vor, Sie müssten ab sofort jeden Tag Klavier spielen – und das lebenslang! So kann schnell der Gedanke aufkommen, lieber gar nicht erst damit anzufangen.

Hier der Trick, der Sie Ihre Aufgabe mental bewältigen lässt: Betrachten Sie Ihr Vorhaben nicht als lebenslange Aufgabe, sondern als Experiment, das Sie aus reiner Neugier starten.

Und schon schmilzt die ehemals riesengroße Aufgabe zu einer interessanten, überschaubaren Sache, die Sie zu nichts verpflichtet. Danach brauchen Sie nur so lange dranzubleiben, bis die Aufgabe von allein zur Gewohnheit wird, also zu einer stabilen Nervenbahn-Struktur in Ihrem Gehirn. Die Bauarbeiten dafür dauern zwischen drei und neun Monaten.

Neun Monate – ein wunderbares Bild: die Zeit bis zur Geburt eines Kindes. Analog dazu können Sie die Ausbildung Ihrer Gewohnheit als Geburt betrachten. Falls Ihnen diese Zeitspanne zu lang vorkommt, können Sie das Experiment zunächst ja auf drei Monate begrenzen, um danach neu zu entscheiden und eventuell um weitere drei Monate zu verlängern. So lange, bis Sie nicht mehr bewusst verlängern müssen, weil Ihr Verhalten bereits zur Gewohnheit geworden ist. Sie merken das daran, dass Sie keine Willenskraft mehr aufbringen müssen, um es zu zeigen.

Durchhalten leicht(er) gemacht

Einige Tipps und Tricks, um auf dem Weg zum Ziel durchzuhalten, haben wir Ihnen schon an anderer Stelle verraten. Ein weiteres hochwirksames Durchhaltemittel stellen die Aktionspläne dar. Damit fehlen nur noch zwei Stärkungsmittel für Ihre Durchhaltekraft.

Stärken Sie sich durch Belohnungen

Selbst wenn Sie Ihr Ziel, künftig ein anderes Gewohnheitsmuster an den Tag zu legen, mental klein gedacht haben, bleibt ohne Zweifel zwischen Start und Ziel Ihrer Anstrengungen eine Durststrecke. Hier hilft es, sich zwischendurch immer einmal wieder für sein Durchhalten zu belohnen. Belohnungen befeuern Ihre Motivation und stärken Ihre Willenskraft. Welcher Art diese Belohnung ist, hängt von Ihren Interessen und Ihrem Geschmack ab. Wichtig ist nur, dass sie in der Psyche wirken kann. Psychologen haben dafür drei Kriterien entdeckt:

- Belohnen Sie sich möglichst bald nach einem Teilerfolg.
- Sie sollten sich nicht zu festgelegten Zeitpunkten, sondern spontan und unvorhersehbar belohnen.
- Die Belohnung sollte angemessen sein. Ein Wellness-Wochenende für viermal Lauftraining in zwei Wochen wäre eindeutig zu viel des Guten.

Vergessen Sie Misserfolge, denken Sie in Resultaten

Misserfolge sind frustrierend. Man erwartet einen Erfolg, der dann nicht eintritt. Nach einem Misserfolg ist man deprimiert, verliert an Energie, hat vielleicht keine Lust mehr weiterzumachen, denkt, es hat trotz aller Anstrengung doch nichts gebracht, ich lass' es einfach ganz bleiben ... All dies kann uns dazu bringen, enttäuscht aufzugeben.

Nach einem Scheitern braucht es schon eine ganze Menge Willensenergie trotzdem weiterzumachen.

Aber was wäre, wenn Sie von vornherein gar nicht in den Kategorien von Misserfolgen und Scheitern dächten? Könnte dies vielleicht Resignation verhindern? Ja, das kann es tatsächlich. Und zwar, wenn Sie das mutmaßliche Scheitern, den Misserfolg, die Niederlage als etwas ganz anderes deuten: als Resultat. Also als etwas, das sich aus dem ergibt, was Sie getan oder gelassen haben. Sie können es genauer anschauen, analysieren und danach besser machen, um eben auf einem anderen Weg zum Ziel zu kommen. So betrachtet sind Sie auf Ihrem Weg zum Ziel nicht gescheitert, sondern lediglich zu einem ersten Ergebnis gelangt, einem Zwischenergebnis sozusagen.

Geben Sie etwa nach einem Zwischenergebnis auf? Nein, natürlich nicht! Sie marschieren weiter in Richtung Ziel – ohne Ihre Willenskraft allzu sehr zu belasten, und sogar noch klüger als zuvor.

Denken Sie am besten so: „Egal, was am Ende dabei herauskommt – ich betrachte mein Tun nie als Misserfolg oder Scheitern, sondern immer nur als (vorläufiges) Resultat oder Zwischenergebnis." Dieses Denken programmiert Ihre innere Haltung durchzuhalten und weiterzumachen. Auch und gerade dann, wenn es mal nicht glatt läuft oder etwas nicht auf Anhieb klappt.

Wie steht es um Ihr Stimmungsmanagement?

Die Fähigkeit, mit Gefühlen und Stimmungen richtig umzugehen, bildet eine der wichtigsten Voraussetzungen, um Ziele zu erreichen. Klar, denn Emotionen können auf der einen Seite beflügeln, befeuern und Kraft geben, auf der anderen Seite aber auch belasten, bremsen und Energie stehlen.

Es ist gut, wenn man sich nicht einfach von Gefühlen regieren lässt, sondern sie in einem gewissen Rahmen zu steuern und zu lenken versteht. Auch hierfür benötigen wir Willenskraft. Dabei kann und sollte es niemals darum gehen, Gefühle per Willenskraft zu unterdrücken oder wegzuschieben. Das wäre genau das Falsche. Schließlich haben Natur und Evolution Gefühle entwickelt, um uns beim Überlebenskampf zu helfen. In diesem Sinne sind Gefühle immer etwas Hilfreiches: Sie reagieren viel schneller auf die Umwelt als der analytische Verstand. Und Zack! Nach nur 200 Millisekunden hat sich unser emotionales Gehirn eine Meinung gebildet und warnt durch Angst vor einer Gefahr, löst Wut aus, damit wir um Wichtiges kämpfen, oder ruft Verlangen wach nach etwas, das uns gut tut.

Die Macht der Gefühle

Hätten unsere Vorfahren nur auf ihren analytischen Verstand gehört statt auf ihre Gefühle, gäbe es uns heute nicht. Die Menschheit wäre längst ausgestorben. Hätten steinzeitliche Jäger beim Nahen von Säbelzahntigern oder Höhlenbären zuerst überlegt, zu welcher Gattung diese Tiere gehören, ob sie wegen ihrer Pranken und Zähne gefährlich sind, und versucht, dies mit einer Reihe von Erfahrungen abzugleichen und vielleicht auch noch mit der Sippe zu beraten, wären sie wahrscheinlich schon gefressen worden, bevor sie zu Ende gedacht hätten. Blitzschnelle Gefühle trieben unsere Vorfahren zum überlebenswichtigen Handeln. Daraus den Schluss abzuleiten, immer und überall unseren Gefühlen zu folgen, wäre freilich etwas kurzsichtig. Wäre emotional geleitetes

Handeln der Weisheit letzter Schluss, hätte die Evolution auf die Ausbildung von Verstand und Willenskraft verzichtet. Sie regeln unter anderem die Gefühle, wenn sie uns etwa dazu treiben, langfristig dem eigenen Interesse zu schaden, so z.B. den Chef anzuschreien und vielleicht sogar tätlich anzugreifen, wenn sich dieser wieder einmal von seiner schlimmsten Seite gezeigt hat.

Ein gutes Stimmungsmanagement macht das Beste aus Ihren Gefühlen

Da Gefühle einerseits sehr positiv und hilfreich sind, uns andererseits aber auch in heikle Situationen bringen können, geht es weder darum, seinen Gefühlen stets Recht zu verschaffen, noch darum, sie zu unterdrücken. Vielmehr ist ein konstruktiver Umgang angesagt. Das gelingt mit einem guten Stimmungsmanagement. Es nutzt die hilfreichen Funktionen unserer Gefühle, ohne dass wir unter ihren – mitunter gefährlichen – Nebenwirkungen leiden.

Stimmungsmanagement betrifft alle Gefühle. Die positiven, wie Freude, Glück und Lust, ebenso wie die negativen, etwa Angst, Zorn und Trauer. Im Zusammenhang mit der Zielerreichung hilft das willensgesteuerte Stimmungsmanagement, die kraftgebenden positiven Emotionen zu erzeugen, während es mit den unangenehmen, negativen Emotionen richtig umzugehen weiß.

Seien Sie nett zu Ihrer Angst

Angst hat etwas Lähmendes. Sie lässt einen sprichwörtlich erstarren, was für das Erreichen eines Ziels natürlich kontraproduktiv ist. Wir gehen es dann möglicherweise nicht an. Viele Menschen versuchen deshalb, der Angst zu entfliehen, z. B., indem sie sie unterdrücken, ignorieren oder mit Durchhalteparolen, wie „Alles wird gut", zu übertönen suchen.

Das ist aber nicht nett gegenüber der Angst. Sie meint es ja grundsätzlich gut mit uns. Mit ihren beharrlichen Warnungen, allen Unterdrückungs- und Übertönungsversuchen zum Trotz, ist uns die Angst eine Wächterin und ziemlich verantwortungsbewusste „Freundin". Der Angst und ihren Warnungen zu entfliehen, wäre deshalb eine schlechte Strategie. Viel klüger ist es, sich per Willenskraft zu entscheiden, die Angst nicht zu unterdrücken, sondern sie stattdessen an sich heranzulassen und ihr gut zuzuhören. So finden wir heraus, wovor uns die Angst bewahren möchte. Dann können wir uns gute Gründe überlegen, weshalb unsere Angst wirklich keine Angst zu haben braucht.

Beispiel:

Angenommen, Sie fürchten sich davor, bei der kleinen Rede auf der nächsten Betriebsfeier ins Stocken zu geraten und sich furchtbar zu blamieren. Dann könnten Sie vorab überlegen, wie Sie reagieren, wenn Sie tatsächlich aus dem Konzept kommen. Und Sie könnten sich auch darüber klar werden, dass andere Menschen es fast nie schlimm finden, wenn jemand bei einer Rede mal einen Hänger hat. Je intensiver Sie Gründe sammeln, warum alles gut werden wird, desto eindeutiger wird Ihre Angst merken, dass Sie gut vorbereitet sind.

Wenn Sie so verfahren, wird Ihre Angst Ruhe geben und sich zurückziehen. Schließlich weiß sie, dass ihre Wächterinnen-Aufgabe jetzt erledigt ist und wirklich alles gut wird – nicht weil Sie es parolemäßig behaupten, sondern weil Sie echte, überzeugende Gründe dafür geliefert haben. Sich seiner Angst auf diese Weise bewusst zu stellen, ist eine wichtige Willenskompetenz. Sie hilft, die Angst abzubauen und damit Ihre Bereitschaft zu erhöhen, Ziele anzugehen und Schwierigkeiten anzupacken.

Nutzen Sie die Kraft Ihres Ärgers

In Emotionen wie Wut und Ärger steckt eine Menge Energie. Sie kann Sie dazu treiben, etwas zu tun oder zu sagen, das andere Menschen angreift oder verletzt und das Sie hinterher bereuen. Auf der anderen Seite hilft Ihnen diese „Naturgewalt", für etwas zu kämpfen, das Ihnen wichtig ist. Sie packen Widerstände mit ihr an, lassen sich auch von Autoritäten nicht einschüchtern und setzen sich mit Nachdruck für Ihre Interessen ein. All das sind wichtige Verhaltensweisen, um sich zu einem Ziel durchzubeißen.

Im Umgang mit Ärger und Wut gilt es, zwei Willenskraftherausforderungen zu meistern.

Herausforderung 1: Wutausbrüche in den Griff bekommen

Einige Menschen haben Schwierigkeiten, Wut und Zorn in den Griff zu bekommen, und greifen andere unangemessen an. Neigen Sie zu solchen Ausbrüchen, hilft nur eines: Verlängern

Sie den Zeitpunkt zwischen Wut und ausbrechender Reaktion Stück für Stück. Man kann tatsächlich lernen, die Lücke zwischen Reiz und Reaktion auszudehnen und in diesen Momenten mit aller Willenskraft zu entscheiden: „Nein, ich lasse diese Wut jetzt nicht in voller Wucht nach außen!"

Mit Ihrem Willen könnten Sie stattdessen die Anti-Stress-Atmung starten – doppelt so lange aus- wie einatmen – oder sich mal kurz der Situation entziehen. Psychologen haben festgestellt, dass Menschen nicht länger als 3 Minuten auf 180 sein können, wenn sie durch das Verhalten von anderen nicht immer wieder neu aufgestachelt werden. Sie brauchen also nur kurze 3 Minuten zu überstehen, dann haben Sie die Spitze Ihrer Wut hinter sich und werden für sich und andere wieder verträglicher.

Herausforderung 2: Wut und Ärger nicht in sich hineinfressen

So mancher unterlässt es, Wut, Ärger und Aggressionen zuzulassen und nach außen zu zeigen. Das macht ihn zwar für andere zu einem sehr angenehmen Zeitgenossen, beraubt ihn aber wahrscheinlich der Möglichkeit, sich und seine Interessen durchzusetzen. Tendieren Sie zu einem solchen Verhalten, können Sie trainieren, Ihren Ärger bewusster wahrzunehmen, als etwas Positives zu begrüßen und ihm Luft zu machen. Das geht, wenn Sie Ihren Willen nutzen, um anders über Ihre Aggressionen zu denken. Zum Beispiel können Sie sie als etwas werten, das Sie auf eine Gefährdung Ihrer Ziele und Ihres Wohlergehens hinweist. Des Weiteren als etwas, das Sie aus Fairnessgründen nach außen zeigen, weil andere Menschen dadurch spüren und erkennen können, was Sie wollen und was Ihnen wichtig ist. Damit hilft Ihnen Ihr Wille, die Energie hinter Ihrem Ärger positiv für Ihre Zielerreichung zu nutzen.

Gönnen Sie sich Zeit für Trauer

Unsere Spaßgesellschaft betrachtet es fast schon als anrüchig, wenn Menschen längere Zeit trauern – sei es über den geplatzten Urlaub, den Verlust des Arbeitsplatzes oder über den berufsbedingten Wechsel des Wohnortes. Trauer ist aber sehr wichtig, sonst hätte die Evolution uns nicht damit ausgestattet.

Wie jedes andere Gefühl hat auch Trauer ihren Sinn. Er besteht darin, einen Verlust und damit letztlich eine unausweichliche Veränderung anzunehmen. Trauer schafft die Voraussetzung, sich wieder mit ganzer Kraft Neuem zuwenden zu können. Das geht nicht von heute auf morgen. Es braucht seine Zeit. Diese Zeit muss man sich manchmal per Willenskraft nehmen. Denn es hilft nichts, sich von der Trauer abzulenken. Unbewusst nistet sie sich weiter ein und hält Sie im Alten fest. Sie wird erst verschwinden, wenn Sie nach einiger Zeit des bewussten Trauerns akzeptiert haben, dass das Alte und Geliebte unwiederbringlich fort ist.

Die Energie und die Lebenslust, die Ihnen in der Zeit des Trauerns scheinbar fehlen, benutzt Ihr Inneres, um die Bindung an das Alte zu lösen, das Unvermeidliche anzunehmen und Sie damit wieder offen für neue Wege und neue Ziele werden zu lassen.

Widerfährt Ihnen auf dem Weg zu Ihrem Ziel also irgendetwas Schmerzliches, gönnen Sie sich um Ihrer selbst willen eine Zeit der Trauer. Der scheinbare Zeit- und Energieverlust wird unterm Strich geringer sein, als wenn Sie Ihre Trauer äußerlich unterdrücken, während sie innerlich weiter nagt und bremst.

Wie lange kann und darf Trauer dauern? Darauf gibt es keine eindeutige Antwort, weder aus der Lebenserfahrung noch aus der Wissenschaft. Unsere Empfehlung lautet: Vertrauen Sie Ihrem Gefühl. Sagt es Ihnen, dass Ihre Trauerphase ungewöhnlich lang ist und Sie nur schwer aus ihr herauskommen, ist es vielleicht an der Zeit, sich professionellen Rat zu holen.

Entdecken Sie die Freuden des Alltags

Auf dem Weg zum Ziel sind es nicht immer nur Schwierigkeiten, die uns blockieren. Oft rauben uns die vielen sonstigen Belastungen des Alltags Kraft und Elan. Das hat viel damit zu tun, dass sich in angespannten Phasen unsere Aufmerksamkeit ganz besonders auf das richtet, was den Stress verursacht: die viele Arbeit, die Umstrukturierungen in der Firma, die Querelen im Team, die pubertierenden Kinder, die kranken Eltern etc. Die ganze Welt scheint dann eine einzige Belastung zu sein, das Leben freudlos und mühselig.

Dabei ist es sehr wahrscheinlich, dass wir all das Positive und Schöne, das es neben den Belastungen natürlich weiterhin gibt, einfach nicht mehr wahrnehmen. Beim (Wieder-)Entdecken dieser Freuden helfen die folgenden Techniken hervorragend.

Technik 1: Seien Sie dankbar für alles Schöne

Lenken Sie Ihren Blick per Willenskraft auf das grundsätzlich Positive im Leben. Freuen Sie sich bewusst und dankbar darüber. Fragen Sie sich nicht länger: Was habe ich in dieser stressigen Zeit augenblicklich gerade alles *nicht*? Fragen Sie lieber: Was ist, unabhängig vom Tagesstress, das Schöne, Angenehme, Befriedigende an meiner Arbeit, meinen Aufgaben, meinem Leben?

> Denken Sie daran: Dankbarkeit ist die Wachsamkeit der Seele gegen die Kräfte der Zerstörung. Sie setzt Energien frei, die Sie für das Erreichen Ihrer Ziele nutzen können.

Technik 2: Freuen Sie sich

Es gibt jeden Tag etwas, auf das Sie sich freuen können. Freuen Sie sich also einfach. Das klingt arg simpel. Tatsächlich bietet aber jeder neue Tag Ereignisse, auf die wir uns freuen können. Wir nehmen sie nur nicht wahr. Stattdessen werden wir morgens wach, denken an die zwei, drei negativen Ereignisse, die uns heute erwarten, und schließen daraus, dass es ein ganz mieser Tag werden wird. Mit der Folge, dass wir wahrscheinlich nur das wahrnehmen, was diese Meinung bestätigt. Machen Sie es besser. Nutzen Sie Ihre Willensstärke und lenken Sie Ihre Aufmerksamkeit bewusst auf die Dinge, auf die Sie sich an diesem Tag freuen können. Das kann alles Mögliche sein: von der ersten Tasse Kaffee am Morgen über die Besprechung mit den Kollegen, Begegnungen mit netten Kunden bis hin zum Feierabend, Ihrem Sport, Ihrem Hobby, dem Spaziergang mit dem Hund und die Zeit mit Ihrem Partner, Ihrer Partnerin oder Ihren Kindern. Auch dies setzt Energien frei, die Sie für das Erreichen Ihrer Ziele nutzen können.

Erkennen Sie das Positive im Negativen

Wir neigen dazu, etwas entweder als entlastend oder als belastend zu empfinden. Die meisten Dinge, die uns begegnen, sind jedoch beides bzw. können beides sein. Dabei ist es nicht entscheidend, was geschieht, sondern welche Bedeutung dem gegeben wird.

Beispiel:

Erinnert mich mein Kollege ständig an Termine und Zeiten, kann ich das so deuten, dass er mich für unzuverlässig hält und mich gängeln will. Ich kann aber auch annehmen, dass er ein ängstlicher Mensch ist, der sich um mich und meine Termine sorgt.

Ist mein Arbeitsplatz gefährdet, kann ich daraus für mich ziehen, dass ich mich nicht mehr verausgaben sollte, weil es sich ja ohnehin nicht mehr lohnt. Ich kann es aber auch so interpretieren, dass ich mich jetzt extra anstrengen sollte, um den Arbeitsplatz zu erhalten.

Wichtig bei all dem ist nicht, ob etwas das eine oder das andere darstellt, sondern ob es mich bedrückt, mir die Lebensfreude nimmt und meine Handlungsmöglichkeiten einschränkt. Wenn dem so ist, kann und sollte ich mich fragen: Wie könnte ich diese Situation, dieses Ereignis oder diesen Umstand alternativ sehen? Was ist das Entlastende, vielleicht sogar Motivierende daran?

Dabei geht es nicht darum, Negatives rosarot zu tünchen. Das ist auch gar nicht nötig. Es genügt völlig zu erkennen, dass beides gilt und man die Wahl hat, welche Seite die eigenen Gefühle bestimmt. Allerdings fällt es schwer, sich emotional für die positive Seite zu öffnen, solange die negative vorherrscht. Dafür braucht es eine Willensanstrengung, eine bewusste Entscheidung, dass man die Perspektive wechselt und sich auch die positive Seite der negativen Sache ansieht. Je öfter Sie diesen Perspektivwechsel üben, desto leichter wird er Ihnen nach und nach fallen.

Das öffnende Umdeuten eines scheinbar nur negativen Ereignisses zählt zu den wirkungsvollsten Stimmungsmanagement-Techniken. Es benötigt aber viel Willenskraft und fällt deshalb vielen Menschen schwer. Seine Anwendung lohnt sich aber. Probieren Sie es aus.

Auf einen Blick: Willensstark zum Ziel

- Wer an all das Positive denkt, das auf ihn am Ziel wartet, kann sich leichter dazu überwinden, ein Vorhaben anzupacken.

- Wer sein Ziel erreichen will, braucht einen funktionierenden Plan, dorthin zu kommen. Solche Pläne sind vom Ziel her aufgebaut, beinhalten Reaktionen auf Hindernisse und folgen dem Wenn-dann-Prinzip.

- Auf dem Weg zum Ziel gilt es, mit der begrenzten Ressource „Willenskraft" gut zu haushalten. Dabei hilft es, Gewohnheiten auszubilden und sich immer nur auf ein Ziel zu fokussieren.

- Zuversicht unterstützt die Willenskraft. Sie lässt sich durch den Blick auf frühere Erfolge und andere erfolgreiche Menschen zielgerichtet steigern.

- Kleine Belohnungen bewirken, dass der Wille durchhält. Verbuchen Sie Rückschläge als wertvolle Erfahrungen, vermeiden Sie es, dass Ihr Wille wegen Enttäuschungen schlappmacht.

- Positive und auch negative Gefühle, wie z. B. Angst und Wut, per Willenskraft zu lenken, ist erlernbar und enorm wichtig, um Ziele zu erreichen.

Dauerhaft willensstark mit bewusstem Handeln

Versuchungen, die zwar verlockend, jedoch schlecht für unsere langfristigen Ziele sind, begegnen uns allzu oft. Unsere Willensstärke wird in solchen Momenten immer wieder auf die Probe gestellt. Wer sich hier bewusst gegen die Versuchung entscheiden kann, ist klar im Vorteil.

In diesem Kapitel erfahren Sie u.a., wie

- Sie erkennen, dass es Zeit ist, Ihre Willenskraft zu aktivieren,

- Sie durch ehrliche Selbstbeobachtung zum Meister der Willenskraft werden,

- welches Erfolgsprinzip Ihnen dabei hilft, sich für das Richtige zu entscheiden.

Wappnen Sie sich gegen Ihre Verführer

Willensstärke ist eine Kraft, die punktuell wirksam wird. Wir benötigen sie immer dann, wenn wir uns zu etwas durchringen wollen, das langfristig sinnvoll, im Moment aber anstrengend ist. Sobald wir uns durchgerungen haben und tun, was wir tun sollten, benötigen wir keine weitere Willensenergie mehr. Dann sind wir im Handeln. Die Willenskraft wird höchstens dann wieder gebraucht, wenn wir keine Lust mehr haben und unser Tun abbrechen wollen. Das bedeutet: Willensstärke ist die Kraft, sich in einem bestimmten Augenblick für ein bestimmtes Handeln zu entscheiden und dieses in Gang zu setzen.

Nun ist es außerordentlich wichtig zu wissen, wann dieser Zeitpunkt eintritt und man seine Willenskraft aktivieren sollte. Vielleicht verpassen Sie möglicherweise den richtigen Moment, wenn Sie nicht aufmerksam sind. Vielleicht habe ich die Chipstüte leer gefuttert, bevor mir so richtig bewusst wird, dass ich das eigentlich gar nicht wollte. Um solche Situationen zu verhindern, können Sie Einiges tun.

Beobachten Sie sich

Beobachten Sie sich eine Zeit lang. So werden Sie zunehmend aufmerksamer für Momente, in denen Sie vor einer Willenskraft-Herausforderung stehen. Wie Sie erfahren haben, geht es dabei ja immer um einen Konflikt zwischen einem spontanen Impuls, etwas sehr Angenehmes und sofort Befriedigendes zu tun, und einer Handlung, die erst mittel- bis langfristig belohnt wird.

Die Auslöser dieses Konfliktes sind allerdings von Mensch zu Mensch verschieden. Sie können sie nur für sich selbst herausfinden. Nur Sie selbst können entdecken, was Sie immer wieder vom langfristigen Ziel abbringt, in welchen Situationen Sie sich ablenken lassen und welche Umstände Sie dazu verführen, etwas zu tun, was auf Dauer nicht gut für Sie ist.

Führen Sie Buch über Ihre Willenskraft-Herausforderer

Lassen Sie es nicht allein bei Beobachtungen bewenden, sondern schreiben Sie die persönlichen Auslöser für Verführungen und Ablenkungen auf. Dies steigert Ihre Aufmerksamkeit, und Sie werden noch sensibler für Momente der Willenskraft-Herausforderung. Je sensibler Sie sind, desto zielgerichteter und wirkungsvoller werden Sie Ihre Willenskraft einsetzen können.

Alle Auslöser auf einmal aufzuschreiben, artet schnell in ein Riesenprojekt und am Ende in eine sehr unübersichtliche Angelegenheit aus. Einfacher und wirkungsvoller ist es, Ihre Herausforderer im Zusammenhang mit ganz bestimmten Zielen zu identifizieren.

Check: Willenskraft-Herausforderungen identifizieren

1. Wählen Sie Ihr Ziel aus.

2. Definieren Sie, was Sie alles tun wollen, um dieses Ziel zu erreichen.

3. Notieren Sie auf einem Blatt Papier die Antworten auf folgende Fragen:

   - Wenn ich etwas tun will, in welchen Situationen tue ich es doch nicht?
   - Welche Rolle spielt dabei der Ort?
   - Welche Rolle spielt dabei die Zeit?
   - Welche Rolle spielen dabei Menschen?
   - Welche Rolle spielen dabei Dinge?

Die gleiche Liste können Sie auch verwenden, wenn Sie etwas *nicht* tun wollen und es dann doch tun.

Mit Mentaltraining zum Meister der Willenskraft

Mit der Liste in der Hand können Sie ein mentales Training starten, das Sie auf kommende Willenskraft-Herausforderungen vorbereitet.

1   Stellen Sie sich die Situationen, in denen Sie am verführbarsten sind, so intensiv wie möglich vor.

2   Fühlen Sie dabei so stark wie möglich die Kraft, die sie ablenken will.

3   Visualisieren Sie dann so kraftvoll wie möglich die Ak-
    tivierung Ihrer Willenskraft, indem Sie in Ihrer Vorstellung
    sicher und souverän das tun oder unterlassen, was Sie
    sich vorgenommen haben.

Dieses Training entspricht im Prinzip dem mentalen Training
der Rennfahrer, die vor dem Start gedanklich die Strecke und
Abläufe an besonders herausfordernden Stellen durchgehen.
Viele Versuche belegen, dass diese gedankliche Vorwegnah-
me die Fahrer dann im Rennen blitzschnell das Richtige tun
lässt. Genau so wird es Ihnen nach einem Training mit Ihren
Willenskraft-Herausforderern gehen.

Seien Sie ehrlich zu sich selbst

Selbstbeobachtung ist eine prima Sache, um sich optimal auf
die nächste Willenskraft-Herausforderung einzustellen. Noch
wirkungsvoller wird sie, wenn Sie dabei ehrlich zu sich sind.
Die meisten Menschen zeigen die rigorose Tendenz, ihre
Handlungen oder Unterlassungen zu verharmlosen, zu be-
schönigen, zu entschuldigen. Das ist verständlich, aber im
Zusammenhang mit einer Stärkung der Willenskraft nicht
zielführend.

Je wahrheitsgemäßer wir benennen, was wir im eigenen
Interesse hätten tun oder lassen sollen, desto bewusster wird
uns der Preis unseres Handelns. Und je deutlicher wir den
hohen Preis spüren, wenn wir uns ablenken lassen, desto
stärker wird unser Wille, sich dagegen zu wehren.

Achten Sie deshalb auf verharmlosende Formulierungen und üben Sie sich stattdessen darin, Klartext zu sprechen und die Dinge auf den Punkt zu bringen – vor allem, indem Sie die Konsequenzen Ihres Handelns benennen.

Beispiel:

> Nicht: „Ich habe mir mal ein Täfelchen Schokolade gegönnt." Sondern: „Ich habe eine komplette Tafel Schokolade schneller gegessen, als ich denken konnte. Jetzt brauche ich wieder länger, um mein Wunschgewicht zu erreichen."
>
> Nicht: „Es war so nett in der Runde, da wollte ich kein Spielverderber sein und schon gehen, um zu arbeiten." Sondern: „Ich hatte gerade viel Spaß und habe deshalb die Arbeit am Abschlussbericht schleifen lassen. Jetzt komme ich terminlich ganz schön in Schwierigkeiten."

Bei diesem Ehrlichsein geht es nicht darum, sich überkritisch selbst in die Pfanne zu hauen und sich mit Selbstvorwürfen zu quälen. Es geht vielmehr darum, Sachverhalt und Konsequenzen beim Namen zu nennen, daraus zu lernen und sich die Motivation zu holen, es beim nächsten Mal besser zu machen.

Ihr neues Erfolgsprinzip: Bewusst(er) entscheiden

Ganz gleich, wie viel Willensstärke Sie auch ins Feld führen – sie ist vollkommen wirkungslos, wenn sie im Moment der Entscheidung nicht zum Einsatz kommt. In den Kapiteln zuvor haben Sie erfahren, was Willensstärke auszeichnet, welche Fallen lauern, wie Sie sich noch mehr Willensressourcen schaffen und welche Willenskompetenzen Sie weiter ausbauen können. Damit sind Sie hervorragend auf Willenskraft-Herausforderungen vorbereitet.

Nun geht es darum, diese Herausforderung im Zeitpunkt der Entscheidung geschickt zu meistern. Das Erfolgsprinzip lautet: Entscheiden Sie *bewusst*.

Vielleicht fragen Sie sich jetzt: „Was soll daran besonders sein? Ich entscheide mich doch immer bewusst." Nein, müssen wir Ihnen antworten, das tun Sie nicht immer, das tun auch wir nicht immer, das tut niemand immer. Das können wir auch gar nicht. Wir können uns zwar immer einmal wieder bewusst entscheiden. Aber die meisten Entscheidungen fällen wir völlig unbewusst.

Beispiel:

 Wie oft treffen Sie am Tag eine Entscheidung darüber, ob und was Sie essen oder trinken? 10, 20 oder 30 Mal? Im Rahmen einer Studie führten Menschen Buch über ihre Essensentscheidungen. Im Durchschnitt kamen sie auf 227 Entscheidungen pro Tag. Hätten Sie das gedacht? Und das sind nur die Entscheidungen, die unsere Ernährung betreffen.

Für Psychologen ist dieses Ergebnis wenig überraschend. Sie wissen längst, dass wir die meisten Entscheidungen unbewusst treffen. Deshalb passiert es immer wieder, dass die Chipstüte schon leer gefuttert ist, bevor wir überhaupt merken, was wir gerade tun. Oder auch, dass wir im Auto sitzen und losfahren, obwohl wir uns vorgenommen hatten, öfter zu Fuß zu gehen.

Aber wenn wir die Mehrzahl unserer Entscheidungen automatisch treffen, wie lässt sich dann unser Verhalten bewusst per Willenskraft lenken? Die Antwort: Es gilt, die Zahl der bewussten Entscheidungen zu erhöhen. Dazu ist es zunächst nötig, die Momente zu erkennen, in denen wir vor einer Willenskraft-Entscheidung stehen. Wie das funktioniert, haben Sie in den Abschnitten zuvor gelesen. Im Danach kommt es darauf an, die Entscheidung bewusst zu treffen.

Phase 1: Innehalten und durchatmen

Für eine bewusste Entscheidung sollten wir zunächst innehalten und durchatmen. Das klingt banal, ist aber eine entscheidende Voraussetzung zur optimalen Entfaltung unserer Willenskraft. Erinnern Sie sich, was Sie inzwischen über den Zusammenhang von Stress und Willenskraft wissen:

Je ausgeprägter unsere körperlichen Stressreaktionen sind, z. B. verstärkter Puls und schnelles Atmen, desto impulsiver und automatischer reagieren wir. Ohne groß nachzudenken tun wir das, wonach unser emotionales Gehirn verlangt. Wobei dieses Verlangen selbst schon kleine Stressreaktionen auslöst.

Beispiel

 Die Aussicht auf einen Nachmittag in der Sonne lässt unser Herz sprichwörtlich höher schlagen und unseren Atem schneller gehen.

Sobald wir diese Reaktion bemerken, ist es an der Zeit, ganz bewusst nichts zu tun, also einfach einen Moment abzuwarten, tief einzuatmen und uns durch entspanntes langes Ausatmen in den Zustand der inneren Ruhe zu versetzen. Daraufhin wird der Dopamin-Anteil im Blut sinken und mit ihm unser Verlangen. Gleichzeitig steigt der Anteil des Botenstoffes Serotonin im Blut, wodurch wir uns entspannter und ausgeglichener fühlen. Jetzt ist unser Organismus wieder auf Nachdenken und kluges Handeln eingestellt. Wir können nun eine kluge Willenskraft-Entscheidung treffen.

Spüren Sie starkes Verlangen nach irgendeiner Sache, dem Sie aber keinesfalls nachgeben wollen, kämpfen Sie nicht aktiv dagegen an. Warten Sie einfach ab, bis die Kraft Ihres Verlangens von alleine nachlässt. Halten Sie sich an die wissenschaftlich erprobte sog. Zehn-Minuten-Regel. Sie besagt, dass nahezu jedes Verlangen nach zehn Minuten abebbt. Zehn Minuten lassen sich locker aushalten – und danach schlägt die Minute Ihrer Willenskraft!

Phase 2: Vorstellen und abwägen

Haben Sie innegehalten und durchgeatmet, sind Sie bestens darauf eingestellt, nun den entscheidenden Schritt zu tun: Die Anziehungskraft Ihres Ziels zu verstärken und die Anziehungskräfte der Ablenkungen und Verführungen ins Wirkungslose zu schwächen. Das machen Sie am besten so:

1   Stellen Sie sich vor, Sie haben Ihr Ziel erreicht: Malen Sie sich aus, wie es dann für Sie sein wird. Genießen Sie es für einen Moment und stellen Sie sich danach vor, dass Sie dieses Glück *sofort* verlieren, wenn Sie nicht das tun, was Sie auf dem Weg zu Ihrem Ziel *jetzt* tun müssen.

2   Vergleichen Sie dann und fragen Sie: „Ist mir diese kleine Belohnung, diese kleine Bequemlichkeit, diese kleine Befriedigung diesen Riesenverlust meines Glücks wirklich wert?"

3   Sobald sich in Ihnen das Gefühl regt „Nein, das ist es mir nicht wert!", entscheiden Sie sich mit voller Willenskraft, das zu tun, was für Sie und Ihr langfristiges (Lebens-) Glück *jetzt* getan werden muss.

4   Tun Sie das, was getan werden muss.

Herzlichen Glückwunsch, damit haben Sie es geschafft: Ihre Willenskraft hat gesiegt!

Auf einen Blick: Dauerhaft willensstark

- Viele Entscheidungen treffen wir unbewusst, leider auch solche, die unseren langfristigen Zielen schaden. Um Willensstärke gezielt einsetzen zu können, gilt es daher, bewusster auf Momente zu achten, in denen wir mit solchen Versuchungen und Verführungen konfrontiert sind.

- Das gelingt besonders gut mit ehrlicher Selbstbeobachtung. Sie hilft dabei, die persönlichen Willenskraft-Herausforderungen zu identifizieren.

- In Entscheidungsmomenten innezuhalten, durchzuatmen und abzuwägen, schwächt das Verlangen nach kurzfristigen Befriedigungen. Es ermöglicht klare Willenskraft-Entscheidungen.

Stichwortverzeichnis

Impressum

Bibliografische Information der Deutschen Nationalbibliothek
Die Deutsche Nationalbibliothek verzeichnet diese Publikation in der Deutschen Nationalbibliografie; detaillierte bibliografische Daten sind im Internet über http://dnb.dnb.de abrufbar.

Print: ISBN: 978-3-648-07098-7 Bestell-Nr.: 10711-0001
ePub: ISBN: 978-3-648-07099-4 Bestell-Nr.: 10711-0100
ePDF: ISBN: 978-3-648-07100-7 Bestell-Nr.: 10711-0150

Reinhold Stritzelberger, Peter Gerst
Willensstärke – Energien freisetzen und Ziele erreichen
1. Auflage 2015, Freiburg

© 2015, Haufe-Lexware GmbH & Co. KG, Munzinger Straße 9, 79111 Freiburg
Redaktionsanschrift: Fraunhoferstraße 5, 82152 Planegg/München
Telefon: (089) 895 17-0
Telefax: (089) 895 17-290
Internet: www.haufe.de
E-Mail: online@haufe.de
Redaktion: Jürgen Fischer
Redaktionsassistenz: Christine Rüber

Konzeption, Realisation und Lektorat: Nicole Jähnichen, www.textundwerk.de
Satz und Druck: Beltz Bad Langensalza GmbH, 99947 Bad Langensalza
Umschlag: Kienle gestaltet, Stuttgart